创意
班主任

30招让班级管理
妙趣横生

吴小霞 / 著

中国人民大学出版社
· 北京 ·

创意给人生命和生趣。

——李奥·贝纳

目录

| 自　序 | 创意，让成长有趣地发生　/ 1

| 第一章 |
趣味开学打造：开学是一场盛大的仪式

1. 开学准备——新生的满汉全席　/ 6
2. 开学会议——开学收心大拼盘　/ 17
3. 开学游戏——重整旗鼓的开学破冰法　/ 21
4. 开学盛宴——元气满满的开学 party　/ 27

| 第二章 |
趣味班级文化：建设共同的精神家园

5. 班规文化——班规升级是这样操作的　/ 34
6. 班徽文化——设计我们的班级图腾　/ 43
7. 昵称文化——闪耀的昵称掠影　/ 49
8. 行为文化——复盘让我们更优秀　/ 56
9. 阅读文化——班级阅读一条龙经营　/ 66

| 第三章 |

趣味习惯养成：掌控习惯就能掌控人生

10. 养成运动习惯——科比协会成长记 / 76
11. 克服拖拉习惯——从现在开始斩断拖延 / 81
12. 学会管理时间——教会学生提高学习效率 / 87
13. 修炼静生活——静心是人生的高级境界 / 95

| 第四章 |

趣味班级活动：活动给教育晴朗天空

14. 运动会开幕式——超越时空的美感体验 / 106
15. 感恩活动——母亲节，闪耀妈妈的眼 / 112
16. 联谊活动——青年节，我拿什么来庆祝青春 / 119
17. 宅家活动——什么样的网课作业不会被轻视 / 124

| 第五章 |

趣味家校合作：让和谐家校成为助推器

18. 期末家长会——用感动代替焦虑 / 132
19. 亲子互动营——用体验活动打开亲子沟通密码 / 143
20. 快乐家访团——让家访成为美丽行走的约会 / 148
21. 家长加油站——让家长为孩子的成长保驾护航 / 152

| 第六章 |

趣味青春期教育：谁的青春不迷茫

22. 青春期形象解码——形象就是我们的名片 / 158
23. 青春期早恋困惑引导（一）——拒绝早恋的能力 / 163
24. 青春期早恋困惑引导（二）——拥有真爱的能力 / 169
25. 爱情智慧教育——真爱并非运气，被爱是种实力 / 176

| 第七章 |

趣味期末嘉年华：期末是一场盛宴

26. 期末复习考试——给复习一个自主出题的理由 / 186
27. 树立学习榜样——青春的榜样，自己的模样 / 191
28. 考前励志法——“硬核佩奇”励志语诞生记 / 196
29. 考前温暖法——送给学生的“吉祥六宝” / 200
30. 趣味毕业典礼——毕业典礼十部曲 / 206

自 序

创意，让成长有趣地发生

在当班主任之初，我曾经无数次地问自己：我应该给学生什么样的教育，我如何陪伴他们走过这段生命旅程？深思熟虑之后，我选择当一名创意型班主任。因为我坚信，创意能让成长有趣地发生！

关注需求——点燃热情有兴趣

在现实生活中，教师往往用“我想给的”的方式对待学生，一厢情愿地做着自认为对学生好的事情。我们习惯于用自己喜欢的方式去爱学生，而不是用学生需要的方式去对待他们，结果不仅自己累得精疲力竭，而且学生还感受不到我们的爱。

不管做什么事情，教师都要先从学生的需求出发。教师只有唤醒学生内在的需求，才能点燃他们外在的热情，进而将“我想给的”的方式变成“他想要的”的方式。

梁启超先生认为，“趣味是活动的源泉”“趣味是生活的原动力”。这就要求教师善于去触动学生的心灵，倾听学生的足音，多一些教育妙招，多一些教育创意，用创意和智慧点燃学生的热情。让有趣的教育给学生不断的惊喜和全新的启发，让学生始于兴趣，陷于热情，终于梦想。

体验过程——行动起来有乐趣

如果一个学生的学校生活只剩下烦琐的考试和做不完的作业，家长会只剩下考试分析，亲子交流只剩下学习和考试问答，那么这样干瘪而枯萎的教育生活还能有什么意义？

生命只有一次，青春不会重来。因此，教师有责任把蓬勃的朝气和精彩的人生还给学生。让学生体验成长的过程，享受奋斗的乐趣，最终成为真实的自己，成为更好的自己。

我总是从新学期的第一天开始，一直到学期结束，每天都在思考用什么方式带给学生不一样的乐趣、不一样的体验。

开学工作怎么开展？来一个盛大的 party（聚会）便会收获满满，既能了解学生假期作业的完成情况，又能完成开学伊始的收心工作。

班级文化怎么建设？教师送给学生一个昵称，增添班级温暖；学生自取一个昵称，树立自我品牌；全班共用一个昵称，凝聚班级精神。

家长不配合学校工作，怎么办？召开一场“期末家长会”——用“个性邀请函”代替单调的集体通知书，用“亲子大头贴”拉开温馨的假期序幕，用“家长大比拼”引发家长的自我思考。建立一个“亲子互动营”，成立一个“快乐家访团”，设立一座“家长加油站”……，家长自然而然地就参与到班级管理中来了。

期末考试学生紧张，怎么办？“硬核佩奇”励志语应运而生，再送给学生来自“吉祥六宝”的温暖抚慰……

…………

在教育的过程中，我和学生一起体验成长的乐趣——我们快乐共享惬意舒适的一马平川，我们互相搀扶走过崎岖坎坷。所有的经历都是财富，滋养了我们未来成长的日子；每一个点滴都有趣味，丰盈了我们体验生命的旅程！

走向幸福——培养品位有情趣

学生在学校应该体验到生命成长的过程。所以，学校教育要教会学生发现生活中的乐趣，欣赏生活中的风景，感受生活中的诗意，从而成为一个有情趣的人，一个幸福的人。

开学可以制作一份“收心大礼包”，班规内化可以开展一场“我型我秀表演会”，培养毅力可以成立一个“科比协会”……班主任可以不动声色地把琐碎的日常编织得浪漫好玩，把感动的瞬间点化得诗意盎然，把枯燥的事情变换得妙趣横生，把偶然的尴尬转化得相映成趣，把棘手的问题处理得风轻云淡。创意，让成长有趣地发生！

愿我们的教育焕发出活泼的生命质感，愿教育的旅途五彩缤纷！

相信吧，创意能让成长有趣地发生！

1 2 3

4 5 6

7

第一章

趣味开学打造：

开学是一场盛大的仪式

1 开学准备

——新生的满汉全席

班主任接手新的班级后，需要做好开学准备工作。如果把开学准备工作做到实处、做出情趣，班级管理工作就会迅速步入正轨。

（1）有的放矢的问卷——把基本情况了解深透

了解学生是班主任接手新班后的第一件大事。为了使后期的教育更有针对性，班主任在接班之初充分了解每一个学生的整体状况，并对他们的思想、性格，甚至家庭情况进行初步分析尤为重要。

家长调查问卷

①设计原则。一是温暖。设计出让家长感受到有温度的问卷，有利于家长敞开心扉，真实填写问卷。二是追求实效。根据学校和班级的后期工作进行设计，这样的问卷更实用。三是全面。尽量从多个方面入手设计问卷，便于更全面、更客观地了解情况或发现问题。

②设计内容。一是基本信息。了解学生的身体状态和家庭结构。二是家庭教育。了解家长的教育方式。三是手机使用情况。提前为后期的手机管理做准备。四是上网情况。为开展班级云课堂做准备。五是学生生活。了解学生的上学情况，有利于后期的安全管理。六是学生性格情况。提前了解学生的性格，有助于教师教育方式的调整。七是家长期待情况。了解家长对学校和对孩子的期待，便于后期的家校沟通。

③具体设计。下面是我个人常用的一份家长调查问卷。

家长调查问卷

尊敬的家长，您好！祝贺您的孩子进入新的学年，迈上新的台阶！对孩子来说，初中生活意味着新的起点，相信您一定对孩子也寄予不少期望。为了帮助您的孩子更好地适应初中生活，现在我们需要占用一点儿您的宝贵时间填写这份问卷。希望您能真实地填写问卷，提供相关信息。我们会保护好您的个人信息。如果您觉得有些问题涉及家庭隐私等不便透露，您也可以略过这些问题。我们真诚地欢迎您的孩子，期待您的配合，谢谢！

孩子姓名：________填表人：________填表人和孩子的关系：_______

父亲姓名：________父亲职业：________联系电话：_______________

母亲姓名：________母亲职业：________联系电话：_______________

常住家庭住址：____

常用联系方式：____

微信号：______________QQ 号：______________

1. 你们的家庭模式（　　）

A. 单亲家庭　　B. 原生家庭　　C. 重组家庭　　D. 其他

2. 家庭户籍（　　）

A. 本市户口　　B. 市外户口（此题涉及初三保送政策）

3. 您的孩子有无特殊疾病（　　）

A. 无　　B. 有（请填写具体病症和禁忌）_____________

4. 您的孩子准备走读还是住读（　　）

A. 走读　　B. 住读

5. 孩子和家长的关系（　　）

A. 朋友关系，平等交流

B. 权威关系，孩子听父母的

C. 关系冷淡，有代沟，孩子很少和父母交流

D. 关系紧张，孩子与父母水火不容

E. 家长任其自然，已经无法管理

6. 您对孩子管理的程度（　　）

A. 天天关注　B. 偶尔关注　C. 迫于生计，没有时间管理

7. 您陪伴孩子的时间（　　）

A. 每天都陪伴　B. 偶尔陪伴　C. 没有时间陪伴

8. 您的孩子的性格（多选）（　　）

A. 开朗　B. 温和　C. 内敛　D. 急躁

E. 孤僻　F. 敏感　G. 脆弱

9. 孩子使用手机的情况（　　）

A. 一直在用　B. 上学期间不用，节假日使用

C. 从来不用手机

10. 您是如何管理孩子使用手机的（　　）

A. 规定具体使用时间　B. 没有管理

C. 想管理，却管不住

11. 您对孩子上网情况的了解（　　）

A. 上网聊天　B. 上网打游戏

C. 查阅资料　D. 看电影、电视剧

E. 网上购物　F. 网络学习

G. 不了解　H. 其他

12. 作为家长，您对孩子的未来有规划吗（　　）

A. 有规划，并在一步步落实

B. 有规划，但是目前还没有落实

C. 没有规划，走一步，看一步

13. 您对孩子的培养看重的是什么（多选）（　　）

A. 学习成绩　B. 多才多艺　C. 身体健康　D. 心理健康

E. 综合素养　　F. 行为习惯　　G. 快乐就好，没有要求

14. 周末和节假日，您怎样安排孩子的时间（多选）（　　）

A. 学科补习　　B. 培养才艺　　C. 在家自学　　D. 在家做家务

E. 运动锻炼　　F. 与家人出游　　G. 放任自流，顺其自然

15. 您认为您孩子的优点有哪些？

16. 您觉得孩子需要改进的方面有哪些？

17. 初中三年，您对孩子的期待是什么？

18. 在学校，您希望老师给予您的孩子怎样的帮助？

19. 关于家庭教育方面，您需要老师提供什么帮助？

20. 除以上问卷外，您还需要老师提供什么帮助？

学生调查问卷

①设计原则。一是活泼。站在学生的角度，运用活泼的语言设计的问卷更容易被学生接受。二是有趣。应把问卷设计得趣味盎然，让学生更愿意填写。三是创意。有新意的问卷既能吸引学生的眼球，又能打动学生的心。四是符合学生需要。问卷只有问到学生的心坎上，才能走进学生的心灵世界。

②设计内容。一是学生的自我认识。了解学生的自我认知和自我评价

情况。二是介绍自己的个性。在自我介绍中发现学生的兴趣爱好。三是朋友交往的情况。了解学生的人际交往情况和朋友圈。四是期待担任的职务。了解学生的自我要求，并适时给予相应的锻炼机会。五是对新学校的期待。教师只有明白学生的内心需要，才能真正走近学生。六是学生担忧的问题。了解学生的焦虑，以便帮助他们顺利度过新生困难期。

③具体设计。下面是一份学生调查问卷。

学生调查问卷

1. 你的自画像。（用图画的形式展现）

2. 设计一张个性名片。（摆放在桌前）

3. 你的好朋友是谁？他/她是一个什么样的人？

4. 你期待的教师是什么样的？

5. 你期待的班级是什么样的？

6. 你期待的中学生活是什么样的？

7. 你以前在班级里担任过什么职务？你现在最想担任的职务是什么？

8. 你现在最担忧的是什么？

（2）广泛全面的清单——让开学准备变得清晰明了

正式开学前，班主任还要制作出给家长、学生、学科教师的清单，清单内容包括物质准备、心理准备、事务准备、安全准备等。如此，开学工作就会有条不紊，我们就能从容不迫、胸有成竹、快速稳步地进入新学期。

开学前给家长的事务清单（建议）

① **开学前七天，调整生物钟。**放假期间，孩子的生物钟难免被打乱。开学前七天，家长要督促孩子每天早睡早起，调整生物钟。

② **开学前六天，看家庭电影。**家长带孩子看一场电影。因为开学后各自都会忙碌起来，所以要珍惜现在难得的亲子时光和互相陪伴的机会。

③ **开学前五天，购物狂欢。**家长陪孩子来一次购物狂欢，带孩子买一身新衣服，理一个新发型，选购必需的学习用具和生活用品。为开学做好充分准备的同时，也在提醒孩子要开学了，要以崭新的形象迎接新学期。

④ **开学前四天，检查假期作业。**家长督促孩子检查假期作业。如果没有完成，那么现在还有时间补救。应尽量避免把检查、补做假期作业拖延到正式开学的前一晚，否则孩子会身心疲惫。

⑤ **开学前三天，开圆桌会议。**全家召开一次圆桌会议，家长和孩子可以就新学期的家庭目标，新学期一家人各自的职责，新学期的计划安排等约法三章，最好用文字记录下来。全家人各就各位，把开学当成家庭的一件大事来对待。

⑥ **开学前两天，逛书店。**家长带孩子购买开学需要的参考书籍，让孩子感受阅读的氛围，提前进入学习状态。

⑦ **开学前一天，假期复盘。**家长带领孩子把假期生活像放电影一样回顾一遍，让孩子看看自己完成了哪些任务，没有完成哪些任务，并及时总结经验和教训，从而为新学期做好准备。

开学前给学生的心理清单

① 收心。快要开学了，调整自己假期悠闲的状态，让自己保持适度紧张的感觉。

② 愉悦。快要开学了，告诉自己要以开心、愉悦的状态去迎接新的学期。

③ 上进。新学期是新开始，自己给自己制定小目标，用积极上进的心态认真学习。

④ 悦纳。提前和老师、同学联系，友好和谐的人际关系有利于自己新学期的学习生活。

⑤ 宁静。保持一颗宁静的心，让自己慢慢进入新学期的学习生活。

开学前给学生的物品清单

类型	具体物品
作业	各科假期作业
学习用具	书包、文具袋、文件活页夹、成长文件袋、铅笔、红芯圆珠笔、钢笔、硬面字帖
生活用品	抹布、垃圾袋；运动裤、运动鞋等 住读：被子（1.2米宽）、床单、凉席、枕头、蚊帐、水桶、脸盆、脚盆、毛巾、洗漱用品、开水瓶、衣架、台灯等
班级要求	一本经典课外书
证件类	身份证、录取通知书、户口本复印件、证件照（一寸和两寸各准备六张）
学科要求	语文：钢笔和随笔本；数学：量角器、三角尺等文具

开学前给学科教师的准备清单

① 预想自己和学生见面时的美好场景。

② 预想自己跟学生美好的第一面的见面方式。

③ 思考如何与家长首次见面就建立友好关系。

④ 买一套漂亮的衣服，设计自己新学期的新形象，对开学充满向往。

⑤ 购买新学期教学需要的资料和书籍，让自己尽快进入工作状态。

⑥ 制订新学期班级计划，给新学期一个美好的愿景。

（3）表达心声的信件——让开学期待得以安放

开学了，家长和孩子既兴奋又担忧，对新学期充满向往。家长期待孩子有新的开始，能遇到好老师，拥有好的学习环境。所以，老师只有给家长留下良好、深刻的第一印象，才能满足他们的心理预期。让家长听到老师心声的最便捷的方式就是老师给家长写一封信。

开学第一天，当家长和学生一起走进教室的时候，我把这封信亲自交到每位家长的手里，让家长了解我的教育理念。当我看到家长兴高采烈地看着信，脸上露出会心的微笑的时候，我意识到，我的身上承载着这些家长沉甸甸的希望和期盼。当家长看完信后激动地对我说“老师，把孩子交给你，我们很放心”的时候，我的心里充满了温暖。我明白，因为这封信，我走进了家长的心里。

您交给我一个孩子，我还给您一个希望

尊敬的家长：

您好！

从今天起，您交给我一个孩子。他是您心中的最爱，是您付出极大心血的宝贝。当您温热的目光和我的目光相遇时，我能读懂您心中的担忧和期盼。放心吧，我知道我肩上的责任，我明白我不能辜负您，因为他是您的一切。

您交给我一个孩子。这是一个已经上过六年小学的孩子，他将和我一起度过人生中非常重要的三年。

这三年，意味着一个新的起点。请不要对孩子过去的不足耿耿于怀，也不要因孩子以前的辉煌而沾沾自喜。因为初中既代表一个崭新的开始，也预示着一场全新的挑战，请您把自己的孩子放在零起点上。如果他有一点儿不适应，请不要着急；如果他的成绩有一点儿下滑，请不要急躁。

这三年，让我们一起见证孩子的成长。成长比分数重要，快乐比分数重要。我们别急着关心孩子的分数，先关注孩子的状态，孩子的状态好了，成绩自然就能慢慢地提高。

这三年，请您别忘记关心孩子。初中三年是孩子世界观形成极为重要的三年。您是孩子的第一责任人，没有谁能代替父母在孩子心中的位置，请您别因为忙碌而忽略了孩子的感受。

这三年，请您多关心孩子所在的班级。如果孩子是只船，班级就是大海，水涨船就高。愿班级这片海能载着您的孩子这只船，驶向更美好的远方。

这三年，请您别只关心孩子的成绩。如果孩子一次考试没考好，请不要担心，咱们先规范孩子的习惯。教育不是速成品，学校不是快餐店。我们需要付出耐心和毅力，只有不再焦灼，才能让孩子走得更稳。

这三年，我需要您真诚的配合。如果我做错了，请悄悄告诉我，我会努力改进。如果您在教育孩子时遇到了麻烦，也请告诉我，我会帮您排忧解难。

谢谢您聆听我的心声，我们能走进同一个班级是一种缘分。很期待未来的三年能成为我们和孩子们难忘而美好的三年。愿这三年里我们能成为好朋友。我充满信心，您呢？

您的朋友：吴小霞

2019 年 8 月 30 日

新环境对学生来说既新鲜又陌生，教师给他们写一封集体信件难以获得个体关注。其实，让学生给自己写信是比较好的办法，名曰“致崭新的自己”。

在新学期，让学生给自己写信就是让学生与真实的自己对话，敢于面对自己、解剖自己，知道自己想要什么、该如何打算。如此，学生对新环境的期待就有了安放。在庄严的开学典礼上，学生把写好的信件交给班主任保管，让信件也有了安放。

当家长开家长会的时候，我把信件拿出来给家长看，邀请家长写寄语，能给学生一份安慰。当学生有些懈怠的时候，我把信件拿出来和学生一起看看、共同读读，让他们回忆曾经的雄心壮志，给学生一份提醒和鼓励。当学生犯错的时候，我把信件拿出来请学生看看，让他们反思自己的过错，一切又可以重新开始。当学生取得成功的时候，我把信件拿出来读读，让他们保持头脑清醒和理智。当学生遭遇失败的时候，我把信件拿出来念念，给他们一份温暖，让他们重拾失去的信心。

开学时，一封教师写给家长的信，可以拉近教师和家长之间的距离，让家长的期待有了安放；一封学生写给自己的信，可以成为鼓励学生不断前行的明灯，让学生的期待有了安放。这就是开学一封信的魅力。

（4）别开生面的仪式——让见面氛围温馨浪漫

开学第一天，教师可以为学生举行一个别开生面的浪漫的开学仪式，既给学生留下美好的回忆，又让学生对新学期充满憧憬和向往，还让家长对教师有更多的了解。

当学生集中在教室里时，我给每个学生发一个气球，然后微笑着告诉他们：“同学们，从今天开始，我们正式成为初中生了，我们将翻开新的一页！忆往昔峥嵘岁月，看今朝激情满怀。下面举行开学仪式。第一项，吹气球比赛。让我们吹起手中的气球，希望我们未来的收获像气球一样越来越大。好，比赛现在开始。”学生一听将开展吹气球比赛，就都铆足了劲儿，鼓起腮帮子用力地吹着。

“第二项，请大家高高举起你手中的气球。一、二、三，挥舞气球，给自己的未来许下美好愿望，愿我们未来能收获一片美丽。”我一边举起双手示范着，一边欢快地说着。学生郑重其事地挥舞着气球，随后便默默许愿。

“第三项，请挤破你手中的气球。用爆破声告别我们的过去，迎接我们的未来。告别过去，是为了遇见更好的未来！同学们，开始吧！”我激情满怀地大声激励着学生。学生兴奋地挤破手中的气球，大家在热闹的砰砰声中开启了新的旅程。

在开学仪式上，家长们不时举起手机，抓拍美好的瞬间，将这些瞬间定格成永恒。有的家长还兴奋地发着朋友圈：“我的孩子在热热闹闹中开启了初中生活！”

2 开学会议
——开学收心大拼盘

开学时，很多教师最为苦恼的事情就是：引导学生迅速进入自身角色，尽快收心；帮助学生尽快找到学习状态，做好开学准备。

（1）开学金言会——用文字的力量促进学生收心

开学第一天，我喜欢送金言给学生，用文字的力量促进学生收心。

第一句，把重要的作品做成精品。我把“精品”两个字打上着重号，然后语重心长地对学生讲道：“同学们，优秀和一般分别是 90 分和 80 分，只有卓越才是 100 分。在许多事情上，我们往往都止步于‘过得去’，其实做任何事情都要有卓越意识和精品意识，只有这样我们的能力才会有质的飞跃！”

第二句，做事的高级境界是享受问题。遇到问题，我们通常有以下几个选择：抱怨、逃避、克服、感受、享受。有的人遇到问题选择抱怨，这样只会让自己充满负能量。如果不断地把原因归咎于外界，就会让自己往错误的方向行进。逃避是因为害怕失败。因为逃避者不敢面对问题，所以他的问题永远无法解决。克服问题虽然是解决问题的一种方式，但是这样做不仅会使自己很疲惫，而且还容易使自己陷入压迫和反抗的状态中。如果把克服问题变成感受问题，我们的心态就会变得平和冷静。如果遇到问题后，我们能以积极的情绪享受问题，那么在解决问题的过程中就会产生“会当凌绝顶，一览众山小”的感觉。我在讲台上激情满怀地讲着，学生兴致勃勃地听着，时而发出笑声。

第三句，时时更新，才能常新。“世界上唯一不变的就是变。我们要不断更新自己的理念，不断创新自己的思路，争取每天进步一点点。为了让成功没有极限，努力吧，同学们！钟声已经敲响，我愿意陪你们远航！”我继续为学生鼓劲，学生坐得端端正正的，眼睛亮晶晶的。

（2）收心大礼包——用修身指南检验学生收心

投入与不投入地做一件事情所呈现的状态是完全不相同的。基于此，我准备给学生布置一个任务，通过他们完成任务的状态，检验他们的收心程度，同时让他们重视收心、尽快收心。

开学第一天下午，我给学生布置任务，我请大家在班级群里发布自己制定的本学期的修身指南，并提出了一些要求。

我先提出了“三定”的要求。定时间——当天晚上7：00—8：00学生在班级群里提交修身指南。定字数——我和全班同学共同商量，确定不少于200字。定内容——学生根据自己的实际情况，制定德智体美劳全面发展的修身指南。

到了晚上，我不动声色，默默地等待同学们7：00—8：00在班级群里发出自己的修身指南。晚上8：00以后，我不再沉默，开始把我制作的海报发出来。海报题目是，“开学收心大礼包”。它的宣传语是，“一套无法预知的真实自然的考级方案出炉了！！！考级内容：自制开学修身指南。定级理由：定时间，时间没统一，身心都还迟；定字数，字数没达到，身心都未到；定质量，质量自提高，开学觉悟高”。海报发到班级群里后，学生有些纳闷儿，有的同学发出问号，此时我不做任何解释。

然后我对学生的修身指南情况进行分类，做成不同等级的收心大礼包：一等是保质保量完成，评价为“身心双收高级版”；二等是按时交作业，但质量有问题，评价为“身收心未收中级版”；三等是根本没有交作业，评价为“身心游荡初级版”。接着，我将收心考级方案的PPT图片和收心等级评价的PPT图片发到班级群里，同学们这时才恍然大悟。当然，收心等级评价的PPT图片会根据学生提交的修身指南的情况不断调整，新完成修订的收心等级马上被评定为“身心双收高级版”。

我把同学们自制的修身指南做成收心大礼包，既检验了同学们的收心情况，也促进了同学们的自我教育。

（3）名片制作会——用自我鼓励巩固学生收心

我让学生在开学的时候制作一张自己的特色名片，让名片帮助他们指向自己的内心，不断认识自我、提升自我，从而巩固收心成果。

我先教给学生一些名片的基本常识：①名片的作用是宣传自己，名片要在内容方面包含自己的基本信息；②名片可以从形状、材质、内容上创新，做出有特色的名片；③名片还包括无形的名片，比如自己的语言、课堂表现、作业等，提升个人魅力也要重视无形的名片。

我讲完后，学生开始动手制作自己的特色名片了。有的学生在形状上有创新，做成小兔状、大树状等。有的学生在材质方面有新意，用到了竹筒、纸托盘等。有的学生在栏目设计上有特色，除了基本的个人信息外，还设计出“勾勒宏伟蓝图”“温馨自我提示”等。

接着，同伴互相点评。点评就是通过别人的眼睛看自己的作品。大家陆续上台，先介绍自己的名片，然后自己寻找点评人。

王亿上台了，他风趣地说：“我的爱好就是玩游戏。”点评人一语中的：“从你的设计风格就看出你是个爱玩游戏的人，新学期要收敛一下哟！”王亿点点头。

彭鑫瑶上台介绍时，曹昆开始嚷嚷：“你的名片是不是太花哨了？”

“你可以把你的优点写得更详细些吗？”“你可以加上自己新学期的打算吗？”同伴间的互相点评让学生知道如何进一步完善自己的名片。

接下来，学生先完善自己的名片，再将它工整地贴在课桌旁。经过同伴间的互相点评，学生明白了自己名片的不足之处，最后呈现出来的名片各具特色。他们把完善后的名片贴在自己的书桌旁，既能方便别人认识自己，也能时刻提醒自己、鼓励自己。

通过这样的方式收心，可以让学生的收心从外控走向内生，帮助他们逐步以饱满的热情踏上新的学期、新的征程！

3 开学游戏
——重整旗鼓的开学破冰法

这学期中途，学校领导安排我接手一个普通班，这个班级在两年里已经换了四个班主任。班级学生的行为习惯让我担忧，比行为习惯更令我忧心的是他们的自卑心理。

教育是帮助学生创造快乐幸福的人生，而快乐幸福的前提是自尊自信。所以，我要唤醒学生的自尊心，增强他们的自信心。如何帮助学生重整旗鼓、树立信心呢？开学第一课尤其重要。我采用游戏的方式，让学生在游戏中感受，在游戏中领悟，在游戏中改变。

（1）套近乎法——建立信任机制

进教室之前，我一直思量着，到底用什么样的方式介绍自己才合适呢？用充满文化底蕴的方式，学习基础不好的学生能接受吗？用正式严肃的方式，能激发学生的兴趣吗？我听说这个班级的学生讲江湖义气，那我就从讲义气入手介绍自己吧。

于是，没有花哨的开头，我直接说："同学们，今天我有幸成为大家的老师，这是我们之间的缘分，我有一点儿和大家一样——讲义气。"学生一听老师与自己有相同点，都有了兴趣。

接着，我问道："我们班上有没有同学认识我？毕竟我们都是在一所学校的嘛。"有一小部分学生怯怯地举起了手。

看到有同学举手，我又惊又喜，高兴地问："哇，你们是怎么认识我的？"

“我的哥哥以前在你的班里，他说你对学生很好。”一个男生抢着说。

“哇，你的哥哥是谁？”我好奇地问。

“宇红。”男生接着说。

“哦！你的哥哥学习非常认真哟。听说优秀是能互相影响的，既然哥哥那么优秀，我相信弟弟会更加优秀的！”我笑眯眯地说。

“老师，我认识你，你以前的学生说你很关爱学生，书也教得很好！”一个女生说话像连珠炮似的，语速很快。其他同学听她这么一说，眼神都慢慢变得柔和起来。

“谢谢同学们的肯定，我很惭愧，老师并没有你们说得那么好。”我有些不好意思，“我先谈谈我的经历，我教过高中、初中，带过实验班、潜力班、普通班，但让我印象最深刻的还是我们普通班的同学！因为他们单纯、重情义，这是多么可贵的品质呀！在这个世界上，没有永远后进的人，只有暂时还没有开窍的人。每个人开窍的时间不同，有的早，有的晚。老师和你们的相遇既是一种偶然，又是一种缘分。我希望在以后的日子中，能和大家成为好朋友。我没什么优点，但有一点儿我觉得自己做得挺好：每个同学在我的心中都是美丽的天使。现在我们在一个大家庭里，我会用我的真诚换大家的真心。请相信我这个带着真心的大朋友！”说完，我深深地向学生鞠了一躬。顿时，教室里掌声雷动。

“虽然我和你们同样讲义气，但是大家不要曲解讲义气，讲义气并不是不辨是非地为朋友两肋插刀，而是讲原则、讲正义，和朋友患难与共。以后让我们一起与班级同荣辱、共进退！”我补充道。教室里掌声如潮。

（2）撕纸游戏——唤醒团队意识

一个班级只有拥有共同的目标和集体的愿景，学生才能紧紧地团结在一起。为了让大家意识到这一点儿，我们开始玩撕纸游戏。

我说：“同学们，我们一起玩一个撕纸游戏吧。”

“老师，撕纸简单！”有个同学大声嚷嚷，我默不作声。

我给每个学生发了一张 A4 大小的纸，说："请同学们闭上眼睛，听老师的指令。"

学生虽有些好奇，但还是闭上了眼睛。有个学生故意睁一只眼睛，闭一只眼睛，看得我忍俊不禁。

"请大家首先把纸对折，再对折，然后撕掉左上角最顶端，接着向左转动 180 度，再撕掉右上角最顶端，最后睁开眼睛，看看哪些同学和老师撕出来的形状是一样的。"学生都照着做了。

我问："有多少同学撕出来的形状和我撕出来的形状是一样的？"学生撕出来的形状可谓千奇百怪。顿时，教室里一阵惊讶声。而睁一只眼睛、闭一只眼睛的那个学生更是捶胸顿足："哎呀，我还睁着眼睛呢，怎么还是不一样呢？"

我引导学生："为什么大家听到的老师指令是一样的，撕出来的形状却不同呢？"

"老师，我们闭着眼睛怎么能看见呢？"有个同学问道。

"你看我还睁着一只眼睛呢，同样是这样的呀。"那个睁一只眼睛的同学说道。

"你这是视而不见。"有个同学插嘴道，惹得全班同学哄堂大笑。

我继续顺势引导："对，如果我们每个人对一个班级的整体目标都视而不见、充耳不闻，我们的行动就会是杂乱的，没有整体性。就像这个撕纸游戏一样，大家撕出来的形状各不相同。"

接着第二次玩撕纸游戏。"这一次，请大家睁着眼睛看老师的示范，认认真真听老师的指令哟。请大家先把纸对折，再对折，然后撕掉左上角最顶端，接着向左转动 180 度，再撕掉右上角最顶端。"这一次，一部分同学撕纸的形状和我手里纸的形状相同，他们高兴地笑了。有些同学看到自己手里撕纸的形状和我手里纸的形状还是不一样时，更加诧异了。

我继续引导大家："为什么这一次，有的同学撕出来的形状和老师的一样，有的同学还是不一样呢？请和老师一样的同学谈谈成功的原因。"

"老师，我看到你怎么做，我跟着怎么做，所以就一样了。"有个同学边说边用手比画着。

“那形状不一样的同学，是什么原因导致的呢？”我问道。

“我是按照自己的理解在做。”有个同学低声地说。

“同学们，其实老师的示范和指令就像一个班级的目标，如果我们不按照统一的要求去努力，都按照自己的想法去做，那么最后的结果就会南辕北辙。”我略带伤感地说道。有的学生开始若有所思。

“我们再来撕第三次，好吗？这一次，期待大家能吸取前面的教训。请大家先把纸对折，再对折，然后撕掉左上角最顶端，接着向左转动 180 度，再撕掉右上角最顶端。”这一次，我放慢了语速，便于学生真正理解。

“哇，我终于做对了。”“太好了，我也能做好。”撕对了的学生兴奋不已。

游戏结束时，我动情地说：“同学们，当我们有了共同的目标，并心无旁骛地一起努力的时候，我们就更容易成功。就像今天这个撕纸游戏一样，只要我们愿意努力，愿意改进，最后就能取得成功。”

学生都坐得端端正正的。此时，我看到他们的眼神中有了一丝不易察觉的自信。

（3）玩具熊的游戏——加强自我认同

要让学生真正重整旗鼓，还需要对他们的自信加以巩固。于是，我拿出一个可爱的毛绒玩具熊，扬起手臂，大声问：“同学们，谁想要这个玩具熊，这可是我刚买的哟。”

“我想要！”“我也想要！”学生边笑边大声喊着，争先恐后地举起手。

我没有作声，把玩具熊扔在地上，玩具熊上面沾了一些灰尘。然后，我把玩具熊捡起来，问道：“谁想要？”这一次，有的学生悄悄地放下了手，有的学生仍然高高地举着手。

我嘿嘿笑了两声，再次把玩具熊扔在地上，并狠狠地踢了一脚，玩具熊被踢到了教室前门的后面。我高声问：“谁想要？”此时，举手的学生寥寥无几了。

接着，我故意恶狠狠地往玩具熊上吐口水，又补上了几脚，然后歪着头，低沉地问："谁想要？"已经没有学生举手了。

"同学们，可它还是玩具熊啊。虽然它被践踏、被唾弃，但它的价值不变！做人也一样，不管你遭受到什么样的打击，你始终都应该相信自己的价值。虽然现在的我们在别人眼里暂时是落后的，但是我们应该相信自己的价值永远存在。"我的目光坚定，"同学们，当别人吹捧我们的时候，我们要清醒地认识自己；当别人否定我们的时候，我们要坚定地相信自己！让我们互相鼓励吧！"教室里掌声雷动。

我知道，学生内心的尊严与自信已经被慢慢唤醒。

（4）抬人游戏——积极引导暗示

为了进一步激发学生的潜能，我们又玩了一个抬人游戏。

我鼓励学生："同学们，人的潜能是无限的，关键在于你愿不愿意努力。下面我们再玩一个游戏。"一听说还要玩游戏，教室里又沸腾了。

"请我们班最壮实的男生上台，好吗？"我说。

"老师，我们班宇航最壮实。"有个同学大声说，其他同学表示赞同。

"好，那就请宇航同学上来。"我正说着，一个高大的男生笑眯眯地冲上讲台。

"还有哪两个男生愿意上来？"我问。

"老师，宏宇和张心。""陈刚也可以。"同学们争着推荐。看得出，大家的热情很高。宏宇和陈刚已经跑上来了。

"请你们俩把宇航抬起来。"我说。宏宇和陈刚都面露难色，后来，他俩虽然费了九牛二虎之力，但始终无法抬起身躯高大的宇航。

"同学们，我们再叫两个瘦小的女生上来试一试？你们推荐。"大家有些丈二和尚摸不着头脑，但还是争着推荐："王月和张虹。"两个瘦小的女生羞怯地走上台来。

“老师，她们俩能抬起宇航吗？”大家露出不相信的神色。

“听老师的指令，请两位女生把手重叠放在宇航同学的大腿下方，先一起数十声‘变轻’，再一起用力喊‘预备，起’。注意哟，齐心协力，共同努力！”全班同学的心都提到嗓子眼儿了，“变轻，变轻……预备，起。”当“起”字喊出来的时候，宇航同学已经被两个女生抬起来。同学们睁大了眼睛，不敢相信。可是，一切却真实地发生了。

两个女生惊讶地说：“老师，真的变轻了，我们一起用力就抬起来了！”

我笑着说：“请刚才的两位男生也用这样的方法试一试。注意哟，当口令说‘起’的时候，你俩要一鼓作气马上抬起才有效果哟。”于是，两个男生上前，齐声数十声“变轻”，然后一声“预备，起”，果然抬起来了。

一个男生叫道：“还真能发生奇迹呢！”

“老师，我真的觉得变轻了。”王月惊讶地说。

“不是真的变轻了，而是因为我们的心态变了，注意力集中了，齐心协力了，劲儿往一处使了，所以自然就抬起来了。”我总结着原因。

“通过这个游戏，大家有什么感悟？”我抓住时机继续引导。

“今天这个抬人游戏让我明白，做很多事情时，如果我们拥有积极的心态，就能变‘不可能’为‘可能’。”

“老师，其实你让我们数十声‘变轻’，就是一种积极的心理暗示，让我们的注意力高度集中；然后一起说‘预备，起’，就是鼓励大家为一个目标共同努力。”一个学生歪着头说着自己的感想。我点头认同。

“同学们，这一年，只要我们都积极地暗示自己，同时集中精力、心无旁骛、齐心协力、一起努力，我们就会创造奇迹。请问大家是否愿意为我们的班级努力一把？”我充满激情地说着。

“愿意！”教室里声震天地。重整旗鼓的号角已经在教室上空吹响。

4 开学盛宴
——元气满满的开学 party

虽然已经开学了，但是有些学生依然沉浸在假期的闲散与安逸中。如何帮助学生既顺利地从悠闲的假期模式切换到元气满满的开学模式，又避免开学焦虑等并发症的发生？有效的办法就是采用轻松愉快又喜闻乐见的方式，引导学生在潜移默化中实现收心。我们班的开学首秀就是美食分享 party。

（1）准备——长程筹划，营造开学氛围

元气满满的开学 party 不能仅仅为了一时的热闹，更需要达到长程熏陶的效果。为此，我们做了大量的准备活动。

① 学做一道拿手菜。我要求每位同学在假期学做一道拿手菜，开学的时候，带到教室里来分享。一听说这项作业，全班同学顿时炸开了锅，大家热火朝天地讨论起来。有的说："我要学做寿司。"有的说："终于可以展示一下我的厨艺了。"有的同学腼腆一笑，有的同学摩拳擦掌、跃跃欲试。大家都期待着在开学 party 上大显身手。

② 承包制作全过程。我要求学生一律自己承包制作的全过程。从买原材料到清洗、制作全程承包，让他们体验做美食的全部过程。

③ 成立美食品尝团。在开学的前一天晚上，学生家长已经自发地在班级群里吆喝："美食品尝家长团火热招募中，请有空的家长踊跃报名，欢迎品尝孩子们做的美食哟！"家长们以接龙的方式自发报名，还共同制定了点评标准：美食制作过程展示（1～5 分）；美食色香味（1～5 分）。

④ 分享制作全过程。在开学的前一天晚上，班级群里热闹非凡，家长纷纷把孩子做美食的照片分享到班级群里。

大家兴奋地说："我家孩子做的是糖醋排骨。""从来没有看见我家孩子那么认真过，一遍一遍翻着书对照着做呢！""我家孩子还在烤面包呢！"有的家长还悄悄地把孩子做美食时边切边偷吃的照片发到班级群里，打趣地说："看我家孩子边切肉边偷吃。"每一句话里都充满了活力。

"新鲜出炉的蛋包饭。""我家孩子说做蛋挞给大家吃。""特色脏脏包新鲜出炉了。""早上炒的土豆肉丝。""蘑菇汤出来啦。"还有的家长兴致盎然地把孩子制作美食的过程做成了美篇，把孩子做美食的瞬间定格成永恒。

大家都期待着，这将是一场怎样的美食大会呢？

⑤ 营造 party 氛围。学生自由组合，准备好各种道具，同时还特意以开学为主题营造氛围。教室前面黑板上写着——开学首秀：开学就是一场盛宴；后面黑板上也是色彩斑斓——开学盛宴：唯有美食与爱不可辜负。开学与美食两者巧妙地融合在一起，学生已经营造出活泼有趣的开学 party 的氛围。

（2）分享前——美食寓意，迁移开学愿景

分享当天，学生一到教室，就迅速把教室打扫得干干净净。他们急不可待地把桌子拼在一起，然后不约而同地围成一个圈儿。

鑫瑶妈妈为我们准备了一次性桌布、筷子、碗等。张剑妈妈准备了盛汤的小锅……

学生商量用什么样的方式展示自己的美食，经过一番讨论，最后决定，既可以自己单独介绍，也可以小组组合介绍。

一个学生故意说："吴老师，你要先给我们做示范哟！""就是就是。"其他学生一边应和着，一边热烈鼓掌，教室里洋溢着欢快的气氛。

"好，那我就献丑了。"我清了清嗓子说，"同学们，一个人吃下的

是饭菜，一群人分享的是快乐。开学就是一场盛宴，在这场盛宴里，我们将一起翻开新的美食篇章。美食代表着什么呢？代表着分享。这学期我们将一起继续分享，同甘共苦，风雨同舟。美食的味道有‘酸甜苦辣咸’，这也预示了我们新学期的每一种味道：‘酸’代表失败，这学期我们要坦然面对失败；‘甜’代表喜悦，这学期将有无穷的快乐、幸福等着我们；‘苦’代表付出，这学期我们要做好吃苦的准备；‘辣’代表挫折，这学期我们面对挫折时要继续发扬百折不挠的精神。”学生眨巴着眼睛，认真地听着。

有了我的示范，我们正式拉开了美食分享的序幕。学生用一个又一个韵味十足的名字，富有寓意地搭配着美食，大家都兴致盎然地介绍着自己制作的美食。

俊华端着一盘花生说：“看我做的花生，它的寓意是‘科科高升’，每门学科都是一颗花生，花生颗粒饱满、色泽鲜亮，寓意着我们每一科都取得好成绩。”听着俊华的介绍，美食品尝家长团啧啧称赞。

鑫瑶开始有点不好意思，继而一下站起来，激动地说：“我做的是可乐鸡翅，鸡翅只有在油锅里翻腾后才会散发出香味。这个菜象征着学习和人生也是如此，只要我们坚强地走过前面的荆棘丛，就会到达美丽的大花园！”听完介绍，身边的同学马上凑过来，看着色香味俱全的可乐鸡翅，发出阵阵尖叫。

星宇主动站起来介绍：“我做的是糖醋里脊，主料选的是嫩滑的猪肉，再搭配酸酸甜甜的番茄酱。哎呀，那就是一个字——香！”星宇说着，还手舞足蹈起来，逗得大家哈哈大笑。

柳媛端着自己做的寿司，兴奋地说：“看我做的寿司，它的外套是黑色的海苔。黑色代表恐惧，面对恐惧我们可能会慌乱。这道菜就是提醒我们这学期要镇定，不要惊慌失措。”

“演讲家”张剑高高地捧着蛋挞，开始高谈阔论：“高温出炉的美味佳肴给了我们最好的启示——一个人只有经历了炼狱般的苦难，才能迎来美丽的风景。”同学们纷纷叫好。

到庭宇分享美食了，只见他一直扭扭捏捏，让大家好是奇怪：“庭宇今天怎么啦，你的作品呢？”“我拿不出手！”庭宇小声嗫嚅着。“没关系，拿出来大家一起看看吧，没关系的。”庭宇不好意思地拿出来。“哇，那可是吊人胃口的红椒炒肉丝呢！”大家睁大了眼睛欢呼起来。

庭宇红着脸小声说：“这道由鲜红的辣椒搭配肉丝爆炒的菜，寓意是新的学期我们一定要红红火火，千万不要恍恍惚惚。”

后面的同学还在继续介绍，每一道菜已经不再是简单的菜肴了，而是与开学有关的励志语和祝福语了。

（3）分享中——吃货天堂，启动开学热情

正式开始上菜了，桌子上摆满了同学们制作的各种美食：糖醋排骨、糖醋里脊、可乐鸡翅、咖喱饭、蛋挞、蛋包饭、青椒肉丝、香肠、奶昔……，放眼望去，异常丰盛，让人“口水直下三千尺”。

同学们早已迫不及待了。等到大家展示完，我一声令下：“同学们，开吃。”顿时，只见大家不停地挥舞着筷子，有的吃着自己喜欢的菜肴，赞叹着：“哇，这个味道还真不错！”有的互相喂一口，你吃我做的，我吃你做的，吃得嘴角流油。大家还“走街串巷”，嘻嘻哈哈的笑声和清脆的吆喝声混合在一起，好不热闹。

“大家快来吃呀！”“我这儿有酥肉。”“来吃我这儿的香肠哟！”“好嘞！”大家欢快地应和着。

有的美食一端上来就被疯抢，一眨眼就没有了。同学们都沉浸在分享美食的喜悦之中。美食品尝家长团认真品尝完所有的美食后，开始打分，并现场评出“最美味美食”。打完分，美食品尝家长团纷纷送出美食箴言，祝福孩子们新学期新开始。

秋萍妈妈激动地说：“孩子们，做菜首先要精心地准备食材，然后烹、煮、炸、炒。你对火候把握的好坏，在一定程度上决定着菜肴是否美味！”

思怡奶奶说：“读书就像做菜一样，首先要有明确的目标。只有做好了充分的准备，再全身心地投入，才会有收获！愿九班的同学在新学期明确目标、找准方向、用心投入，做出一顿属于自己的饕餮盛宴。”家长的发言让学生感受到美食中蕴含的文化味。

是呀，用美食开启新学期，用美食唤醒学生。学生收获的不仅仅有美食，还有重新启航后的意气风发。总之，美食可以引导学生顺利进入开学预备状态。

（4）分享后——随笔感悟，升华开学内涵

为了升华这场开学 party 的影响和意义，把这场精彩的盛宴转换成思想的火花，启迪学生的思维，我让学生用随笔记录自己的感悟，哪怕一点儿思考、一点儿体会都可以。

这一次，有的学生收获了快乐：

在家里吃过那么多美食，都没这么开心过。在教室里虽然只有几十个菜肴，但是大家吃得那样开心。这不仅因为菜肴好吃，还因为在这样的氛围里大家心情愉悦，大家在一起吃得快乐。（曾秋萍）

这一次，有的学生感受到了集体的温暖：

开学就是一场盛宴，一场属于我们自己的盛宴。这场盛宴不仅包含着大家一起劳作的辛苦，还包含着我们一起分享的快乐。这学期，我也希望我们的生活能像这场盛宴一样，每天都能遇见美好，每天都在经历酸甜苦辣咸。新的学期，新的气象，新的开始。（邓雨子涵）

这一次，有的学生抒发了自己对友情的感悟：

分享美食的过程就是同学们交往的过程。我看到那一道道色香味俱全的佳肴，感觉自己一直沐浴在温暖的阳光中，嘴里是一番享受，心里是一段友情。（李文欣）

这一次，有的学生表达了自己对人生哲理的思考：

美食代表的不仅是一道菜，还代表着一个人的心意，一个人对自己的要求！（传艺）

让我们来一场元气满满的开学 party，为开学积蓄充足的力量吧。让每一个定格的瞬间都充满诗意和乐趣，给新学期染上一抹浪漫的色彩，一抹有趣的亮光。

1 2 3

4 5 6

7

第二章

趣味班级文化：

建设共同的精神家园

5 班规文化
——班规升级是这样操作的

好的班规既能得到学生的认同，又可以引导学生从他律走向自律，最终实现自我管理。如何制定出让学生既能内心认同、愉快接受，又能真正落实、自觉维护的班规呢？

（1）全员参与会——民主认同理念

开学初，班主任的动员工作很重要。能否调动学生全员参与制定班规，决定着班规是否会形同虚设。因为动员的过程既是对学生规则意识的熏染过程，也是促进他们对班级理念的认同过程。

为了让同学们都能真正成为班级的主人，我利用自习课的时间引导他们："大家是否愿意建设一个优秀的班级？"

同学们异口同声："当然愿意！"

"建设优秀的班级需要大家团结一心。"我进一步引导。大家面面相觑。

我继续追问："如果我们想做的事情不仅不正确，而且还会阻碍班级成为优秀班集体，那么我们应该怎么办呢？"

"我们要克服自身弱点。""我们要共同制定规则。"同学们你一言我一语地说起来。

我微笑着对同学们说："看来，每个同学都想成为班级的主人，我们都愿意对我们的班级负责。既然大家希望有一个优秀的班级，那么你是否愿意为了集体的利益而放弃自己的利益呢？"同学们沉默了。

我继续引导：“班规体现了一个班级共同的目标。俗话说，‘无规矩不成方圆’。一个优秀班级的良性发展需要一定的规章制度来制约。”

说完了班规的重要性，我告诉同学们制定班规的目的：“班级要以人为本，所以我们制定班规不是仅仅为了约束大家的行为，而是要真正提高大家的自我管理能力。如果大家都学会了自我约束、自我管理，那么班级自然就能实现良性发展。班级不是老师的，而是属于每个同学的，所以制定班规是每一个同学的权利和义务。”

我为同学们解答疑惑之后，大家开始起草班规。我提醒同学们：“班规内容包括学习纪律、班干部要求等。”

班主任对同学们制定班规提出的要求越简单越好，不然会影响同学们制定班规的积极性。如果有的同学不会制定，教师可以提供样稿，但千万不要强势参与。起草班规需要每位同学参与完成，此外，我们还要求每一条班规都要写上执行者，并对执行者有明确的奖惩规定。

起草班规的过程不仅是学生进行自我教育、自我管理的过程，而且能让学生在班规中看到自己智慧的影子。

（2）班级立法委员会——整理初级班规

接着，我们组建了班级立法委员会。班级立法委员会成员的竞选原则是“自荐和推荐”相结合，“能力和热情”相结合，“优秀生和潜力生”相结合。只有通过班级立法委员会确定的班规，才能照顾到班级所有的学生。

经过竞选和宣誓仪式后，班级立法委员会正式成为班级的立法主体，班主任就成了班级的配角。

班主任现在只做一件事情——培训班级立法委员会的成员。首先我宣布班级立法委员会的职责：①代表班级行使初步立法的权利；②坚持公平公正的原则；③初步讨论班规；④分门别类整理班规；⑤形成班规初稿。

一切准备就绪，班级立法委员会立即召开立法会议。大家在会议室里正襟危坐，一副严肃认真的样子。我进入会议室后，他们居然一致说："老师，请你出去！"

"啊？"我惊愕不已。

"既然我们已经成立了班级立法委员会，那么你就应该回避！"参会的学生一本正经地说。

"好好好！"我一边答应着，一边慢慢地走出会议室。

班级立法委员会的成员把每一个学生起草的班规都仔仔细细、认认真真地看了一遍。不一会儿，会议室里传出热火朝天的讨论声。我坐在办公室里耐心地等待着。

最后，会议室的门终于打开了，走出会议室的学生一个个神秘地冲我笑笑。我正纳闷儿，班长悄悄告诉我："老师，我们刚才制定了一条教师班规。"

"什么教师班规？"我一头雾水。

"哈哈，关于教师拖堂和各科任教师发火的班规。"班长笑着说道。

"哦！"我恍然大悟。原来有了班级立法委员会，连教师也受到了制约。不过，我心里暗暗高兴，给教师制定班规，说明学生在制定班规上真正做到了民主平等。

（3）罗伯特表决仪式——审议敲定班规

班规初稿拟好后，还要通过集体审议才能确定。集体审议就是通过集体讨论、辩论的形式来改进、完善班规，并确定最终班规，这个过程可以增强学生对班规的接纳感和认同感。

班会课前，学生在黑板上写下"立法表决仪式"几个大字，我暗自欣喜：以前都是教师催着学生写，今天太阳从西边出来了，他们竟变得主动起来。我没想到更大的惊喜还在后面呢！

我给学生简单地介绍了"罗伯特程序"："同学们，好的班规需要大家共同完善，‘罗伯特程序’被誉为开会规则的典范。我们的班规表决过程也可以采用并简化这个程序，形成以下几个步骤：第一步，逐条宣布班规；第二步，对班规进行申诉；第三步，对班规进行辩论；第四步，举手表决班规；第五步，宣布班规正式确定。”我稍微歇息片刻，接着说：“同学们，下面我们开始举行班规表决仪式吧！”

“老师，请你下去！”“什么？我没听错吧！”“既然班级立法委员会已经成立了，表决仪式就应该由班级立法委员会主席主持！”“好好好，我下去！”我只有缴械投降的份了。

嘿，还别说，班级立法委员会主席还真能严格按照程序执行。在辩论环节，大家争得面红耳赤，激烈的争辩是学生内心的翻滚和思想的碰撞，只有这样最后才能达成共识。

在讨论“老师拖堂一次，每个学生加 5 元班币”的时候，陈芷涵站起来说：“我觉得这个应该惩罚老师。”

杜心雨歪着头接过话：“万一这堂课的内容老师没有讲完，还剩最后一点儿内容，不拖堂就掉到下一堂课了，怎么办？”

“为了让老师能完成教学任务，同时大家也高高兴兴地接受，还是加班币的方式最好！”张红说道。

“如果给每个同学都加班币，那有什么意思呢？我不赞成加班币！”刘宇航站起来说道。

“我觉得要加，虽然 5 元班币对有的同学来说用处不大，但是对需要贷款的同学来讲，5 元班币的用处可就大了。”大家各抒己见，自由表达。

最后大家统计，赞同“教师拖堂一次，每个学生加 5 元班币”的同学占多数。于是，站在讲台上的班级立法委员会主席谨慎严肃地说道：“现在我宣布，班规第 43 条‘教师拖堂一次，每个学生加 5 元班币’表决通过。”坐在各自座位上的同学们严肃地看着班级立法委员会主席，俨然坐在人民大会堂。

（4）执行公正大平台——积极落实班规

学生在执行班规时需要公平：所有学生的合法权利都应得到班规的保护，任何学生只要违反班规就会受到相应的惩罚。只有在班规面前人人平等，才能避免班规流于形式，避免考核的随机性。

班规出台后，我第一时间将其张贴在教室最醒目的位置。每一条班规都有一名班干部负责执行。在执行班规的过程中需要坚持。例如班规中有一条：每天早上7：00准时开始跑步，没有跑步的同学将做教室清洁一天。如果某天因为下雨，班上好多同学都迟到了，那么此时到底该不该执行班规呢？有的学生说："老师，因为今天早上下雨，所以我来晚了。"有的学生说："早上我做清洁，就不锻炼了，可以吗？"俗话说，"法不责众"。我本想这次就不按照班规执行了，可是如果这一次不按照班规执行，那么下一次我们遇到类似情况，又如何执行班规呢？于是，我严肃地告诉大家："同学们，既然班规是我们共同制定的，那么我们就要共同遵守。即使班规中有不完善的规则，我们也要先执行旧的规则，再来逐步完善班规。只有这样做才说明我们的班规不是形同虚设的，班规要能给大家带来执行到位的积极印象。"学生听后纷纷点头。

（5）刚柔组合拳——持续完善班规

任何新事物都会有不完美的地方，我们要在实践中发现不足，然后进行调整和改进。班规也需要不断改进和完善。每周我们都会收集班规意见，然后在班会上对班规进行讨论、调整。特别是一些禁令性的班规，大家更是讨论得不可开交。

比如，关于手机的班规，班规初稿是"发现手机就没收"。大家在执行中发现，班规内容需要温情柔和，于是，同学们将班规条款改得比较幽默："谁把手机带到学校，就用谁的手机做公共电话。上课关机，下课开机，国内长途随便打，打完还要负责充话费。"

班规初稿里的惩罚一般是扣分、做下蹲、做清洁……。在班会上讨论改进、完善方案的时候，有个学生提出建议："难道我们就不能创新一下惩罚方式吗？"有的学生说："让那些乱扔本子的同学，给本子写一封道歉信。"有的学生说："既然有的同学喜欢乱扔本子，那么就给他安排发本子的工作。班干部发本子真的很累。所以，乱扔本子的同学乱扔一次，就让他帮课代表发一天本子，如果他在发本子时还是乱扔，发本子的时间就延长，从一天延长到两天，这样既减轻了班干部的负担，又维持了班级的正常秩序。"我不禁暗暗赞叹同学们的思维越来越缜密了，完善班规的过程不仅体现了同学们对班规思考的深度，还增强了同学们管理班级的主动性。

打好改进、完善班规的刚柔组合拳，让学生学会对班规条款进行弹性化处理，通过增加一些柔情，将惩罚和奖励相结合，可以促使班级走上良性发展的轨道。

（6）华丽大转身——编写趣味班规

后来学生让班规实现了华丽大转身。学生把班规改写成了班规礼仪，通过巧妙的方式表达班规，使班规变得更有意思。

我们把班规礼仪分为上课礼仪、下课礼仪、升旗礼仪、交往礼仪、就餐礼仪、作业礼仪、孝敬礼仪、服装礼仪等。每个小组负责一个板块，推进趣味班规的华丽转身。

于是，班会课的时候，每个小组成员聚在一起，大家商量着如何把班规礼仪变得更通俗、更容易记。每个学生都提出自己的意见，大家一起商量，字斟句酌，精益求精。

鑫瑶组的古文体班规仿照了白居易的《琵琶行》：

就餐行

大弦嘈嘈如急雨，清风徐徐莫插队。
小弦切切如私语，时时留有感恩心。
嘈嘈切切错杂弹，轻轻悄悄不扰人。
轻嚼慢咽不出声，低眉信手慢慢吃。
遵守古人食不语，此时无声胜有声。
沉吟下筷放盘边，整顿衣裳起敛容。
东西不留白面上，别有垃圾暗暗生。
祝君用餐要愉快，感我此言良久立。

子涵组的三字体班规更是与众不同：

集会令

进行曲，一响起。
快整装，站得好。
向左转，视国旗。
昂起头，不斜视。
默念歌，站姿齐。
不嬉戏，不玩闹。
升旗时时守规则。
目光时时视国旗。

诗怡组的是歌词版班规：

下课了

下课了。

你听！

吵闹喧哗烟消云散，

悦耳歌声婉转动听。

你看！

阳光正好，

秩序井然！

一条条班规华丽转身之后已不再冰冷，变得温情灵动、生动有趣！

（7）个性魅力板报——特色外化班规

我们用黑板报的形式展示班规，不仅能装扮教室，而且能彰显班级的个性魅力。

首先，板报委员对黑板报进行总体设计。整体风格是古色古香的中国风，栏目主题是“博学于文，约之以礼”。具体内容为：上方是一支带着遒劲笔锋的平躺着的毛笔，下方是翻开的书卷长卷，左边是铺开的扇形，右边是青松翠竹。整个设计古典而雅致。

然后，我们以小组为单位进行分工，布置任务。每个小组负责一个板块，进行自由的个性表达。各个小组精心设计打造自己负责的板块，大家把题目取得更加别致，“就餐礼仪”换装成“就餐行”，“服饰礼仪”变成了“服装秀”，“下课礼仪”改成了“嗨，下课啦”。

此外，各组的书写方式也是各具风格。有的是多种颜色组合，有的用多种字号搭配，有的将各种字体结合。板报的总体设计让人赏心悦目，经常吸引外班的教师和学生驻足观赏。

我们通过对班规加以特色外化，可以把班规变成一种高雅的文化，从而丰富学生的精神世界。

（8）我型我秀表演会——巧妙内化班规

制定、展示班规仅仅是外围战。更重要的是将班规与学生的行为相融合，把班规变成学生内心需要的精神养分，滋养学生的成长。

于是，我们开展了“我型我秀班规表演会”，我要求学生用自己的方式把班规表演出来，让班规在悄然间浸润我们的心灵。

大家开始明确分工，然后再协商合作。有的做视频，有的找曲谱，有的编歌曲，有的做协助，有的排舞蹈，大家忙得不亦乐乎。没有照片就赶快拍，不会电脑技术就马上学，没有曲子便急忙互相推荐。大家绞尽脑汁，不断地思考完善，不断地编排演练，干得热火朝天。

最后，有的组以小品形式呈现，有的组用拉丁舞伴舞，有的组以歌唱的方式展示，表演形式各异，精彩纷呈。

当学生表演班规的时候，班规已悄悄地在学生内心生根发芽，并慢慢生长。这才是青春飞扬的班规，这才是我的班级我做主！此时，学生已经明白，班规不是整齐划一的外在约束，而是成长蜕变的内在需要。

6 班徽文化
——设计我们的班级图腾

班级可以用图腾来彰显班级的显性文化，并将其升华成班级的精神内涵。而班徽作为文化载体，可以把班级图腾显示出来。班徽不是随便涂涂画画、标注文字就可以完成的。班徽具有特殊性和纪念意义，它特定的内涵和深刻的意蕴会成为班级永远的美好回忆。所以，班徽从设计、制定到运用，会一直跟随着班级共同成长。

（1）全员参与——民主确定设计原则

在带某个班级时，我和同学们一起商量，最终确定我们的班名为"笃煜"。既然班名确定了，那我们班级的班徽应该怎么设计呢？

"老师，既然是班徽，当然要把班名设计进去。""还要显示我们的班级精神。""还要把 13 班显示出来。""老师，我们要自己设计，设计出独一无二的班徽。"同学们你一言我一语地议论开来。

我笑而不语，仔细听着同学们的想法，并且逐一记录在黑板上。等同学们说完后，我把班徽设计的一些常识补讲了一下："同学们，班徽会成为我们宝贵的记忆，所以我们不仅要设计出形式美观、内涵深刻的班徽，还要特别注意形式与内涵的统一。"

我们决定用民主讨论的方式确定班徽的设计原则，这样做的目的是唤醒同学们的主人翁意识，让班级理念从学生中产生，在班级中酝酿，只有这样确定的班徽才能真正深入学生内心。

（2）激烈角逐——家长学生一起博弈

我们确定了设计原则后，接着将举行班徽设计竞选。有意思的是，这次竞选是家长和学生进行班徽设计 PK 赛。让家长参与进来，可以真正地把家长与学生和班级结合起来。

我把我和学生共同商定的设计原则跟家长交代完毕后说："各位家长，班徽是一个班级文化的象征。这次比赛正是我们给孩子们树立榜样的时候，爸爸妈妈积极参与班徽设计竞选，这对孩子们来说是一件多么荣耀的事情啊。如果选上了，那就证明爸爸妈妈的优秀；即使没选上，也表明爸爸妈妈在努力。"

安排完毕，家长和学生各自都开始认真设计，仔细琢磨。有的用电脑设计，有的用手工绘图。有的把"13"设计成波浪线，有的设计成船帆，有的设计成雄鹰。每个人的设计都有自己的特色。

第二天，大家带着自己设计的班徽来参加竞选。主持人首先请学生一个接一个地进行班徽设计展示，并逐个述说自己的设计理念；然后展示了家长的设计，让学生进行比较选择。

当展示到诗颖爸爸设计的班徽时，全班同学沸腾了。主持人念出设计理念："班徽整体轮廓采用的是兼善中学校徽的形状，底部是班名'笃煜'。中间是三条彩带和一根铅笔芯，将'十'和'三'结合，表现'丰'字的外形，寓意是希望同学们学有所获。铅笔芯代表'一心（芯）一意'的班级精神。"同学们听完后，一致表示："老师，这个可以作为候选。"

当主持人把曦蕊同学设计的班徽展示出来的时候，全班同学也是啧啧称赞。曦蕊读出她的设计理念："圆形班徽代表整个班级，外圈是中英文的班名'笃煜'，中间是'1'和'3'变形的海鸥和船帆，下面是船和海洋，寓意是希望同学们在知识的海洋里扬帆启航，不惧艰难困苦。"同学们听完后眼睛发亮，也一致回应："这个也可以作为候选。"

…………

这场由家长和学生共同参与的班徽设计的博弈，把大家设计班徽的热情推向了高潮。

(3)打磨精进——圆桌会议反复商讨

最后进入候选的是诗颖爸爸和曦蕊同学设计的班徽。他俩分别代表家长派和学生派。此时，同学们为难了——两个设计都非常独特，可是只能二选一。选哪个呢?

于是，大家召开圆桌会议进行深入比较，看谁的设计更胜一筹。大家多次商讨，反复斟酌。

张红说："我觉得诗颖爸爸的设计更好，因为他把我们的班级精神都设计进班徽里了。"

小李说："我觉得曦蕊的设计更好，因为她不仅把我们的中文班名设计进去了，还用了英文名呢！"

正在大家举棋不定的时候，欧杨提议道："老师，干脆我们把他俩的优点综合一下。"

"对对，取他们的优点。"大家纷纷表示赞同。

最后有个同学提议，选用曦蕊外圈里的中英文班名设计和诗颖爸爸圆圈内的意象设计，这样就两全其美了。全班同学一致赞同。

除了综合外形的设计，大家还打磨意象的内涵。

"老师，可不可以把彩带的设计变成三本书，这样可以更贴切地代表我们的三年初中生活。"有个同学提议。

于是，我马上和诗颖爸爸联系，诗颖爸爸十分热情，立刻着手改进。遗憾的是，过了一会儿，诗颖爸爸说："很对不起，我的电脑技术不过关，设计成三本书实在太难了。"

"既然无法将彩带的设计变成书，那么我们就从颜色上升华内涵。"有个同学马上提议。

"绿色代表清新，黄色代表辉煌，蓝色代表冷静，红色代表热情。"

快言快语的天奇说道。

“我们的外圈本来就是红色，那就用另外三种颜色象征我们的三年。”有个同学提议，大家纷纷叫好。

颜色讨论完毕，大家继续升华班徽的寓意：“班徽的三条彩带就像三个阶梯，象征我们的三年初中生活；班徽的底色是红色，提醒这三年我们要一直满怀激情、不断奋斗、不断攀登。”

最后我们把班徽内涵再次升华：班徽的外圈是校徽的改进版，代表班级是学校的一部分，并且嵌入了我们班中文名和英文名。班徽的内圈由铅笔和三条彩带组合而成。铅笔是学习工具，代表“笃”、一“芯”一意的内涵；铅笔又像蜡烛，表达了“煜”的本意“照耀”，寓意是用学习照亮人生。三条彩带象征三年初中生活，寓意三个阶梯，提醒我们要不断奋斗。铅笔和三条彩带组合成“十三”，既表示十三班，又像“丰”字，象征丰收，希望同学们能学有所获，还像“非”字，寓意是“十三十三，非同一般”。

各种颜色也被赋予内涵：绿色代表生机、清新，期待同学们能够一如既往地保持着青春的活力和一心一意的心境；蓝色代表冷静，期待同学们静能生慧，宁静致远；黄色代表温暖，期待同学们三年里能互相温暖；底色红色代表热情，期待同学们保持拼搏奋斗的激情，在初中三年里不断攀登，不断成长，不断达到新的高度。

班徽的设计从确定核心概念到评比图案，再到推敲打磨、解读深化，是一个循序渐进的过程，这个过程也正是班级精神逐步深入学生内心的教育过程。

（4）浸润洗礼——隆重举行佩戴仪式

班徽设计完毕仅仅是一个起点，更重要的是如何把班徽内涵真正浸润进每一个学生的内心。班徽的运用就是要把班级精神内化、融进学生的血液中去。于是，我在网上定做了班徽扣。收到班徽扣的那一刻，每个学生的兴奋之情溢于言表。

“老师，我想看看。”“老师，我也想看看。”大家都急切地想看到这个象征班级符号的班徽扣。

“别着急，我们要举行一个庄严的班徽佩戴仪式。”学生听我这么说，瞬间变得严肃起来。随后，我把班徽扣一一发到学生手里。

第一项，重温班徽内涵。“请大家仔细观察我们的班徽。班徽的核心图案铅笔和彩带象征着我们的班训：一心一意做事，持之以恒攀登。”我说着，同学们郑重地捧着班徽扣仔细地观察着。在班徽内涵的述说中，我们再一次把班徽内涵深度融入每一个同学的内心。

第二项，佩戴班徽扣。“请同学们把班徽扣佩戴在自己的左胸前。让我们把‘一心一意、持之以恒’永远记在心中。”我大声说道。同学们慎重地佩戴班徽扣。有的同学自己佩戴好后，还帮旁边的同学佩戴。

后来，同学们不管参加什么活动都佩戴班徽扣——学校集会、班级合唱、综合实践活动等。大家把班徽看作班级的标志，因班徽而骄傲。

（5）精神内化——多个维度使用班徽

设计出班徽以后，我们时刻把班徽作为班级的标志，从多个维度使用班徽，并形成独特的班徽文化。

班徽上墙。我们布置教室墙壁的时候，不仅把班徽贴在我们教室的外墙上，还把班徽设计理念展示出来。这样大家每天进出教室的时候，只要看一看班徽，骄傲之感就会油然而生。

班徽刻章。我们把班徽做成班章，象征班级的权威。班级发奖的时候，我们就在奖状上盖上我们独特的班章，那真是一份不一般的荣光；班级小组背书完成的时候，组长用班章印下去代表过关，比口头的“过关”更有说服力。

班服印班徽。原先的班服上面因为没有我们独特的班徽，不能体现班级的独特性。学生有了在班服上印班徽的创意后，立即开始行动，很快印有班徽的班服诞生了。当全班同学穿上印有班徽的班服时，大家更有归属感，班徽把同学们的心紧紧地聚集在一起。

阅读存折用班徽。当同学们用班徽制作阅读存折的时候，我告诉他们："我们班徽的深刻内涵就是'一心一意、持之以恒'。我们阅读就需要这样的精神，请大家记住我们的班徽内涵，从读书开始。"

班签显班徽。期末时，我们制作了班签，上面印有班徽和同学们的励志语。班签上的图案就是我们班徽上的铅笔，这正是在不断地提醒大家：书写自己的人生签，靠的是一心一意。

家长会上展班徽。召开家长会的时候，我们制作了班级大头贴，也把班徽放进去，这样大家在合影的时候也能和班徽合影；同时，我们还制作了专门放成绩单的购物袋，上面也有全班同学的合照和班徽。这样班级的独特性立刻就显现出来。

公众号上显班徽。我们把班徽的图片作为班级微信公众号的头像，这样可以让大家时刻记住班徽，时时运用班徽，把班徽真正打造成班级的标志，成为班级精神的再现。这样才是真正地把班徽内涵镌刻进每一个学生的内心，用班徽滋养我们的成长。

从班徽制定到班徽运用的过程，既是班级精神的内化过程，也是每个学生的成长之旅。我们时刻记着：班徽既是我们班级的符号，又是我们班级文化的一部分，还是我们的精神追求。

7 昵称文化
——闪耀的昵称掠影

每次接手新的班级，当班级组建好以后，我就开始思考如何把班级打造得更加温暖，更具内涵，更有底蕴。经过多年实践，我发现打造昵称文化能很好地促进班级文化建设。

（1）教师叫一个昵称——给班级添一份温暖

如果教师给学生取一个特定的昵称，就会让学生感受到一份与众不同的关怀，收获一份特别的心灵抚慰。记得我读书时，我的一个小学教师直呼我为“小霞”，当时我的心瞬间融化，整个人顿时变得自信满满，头也抬得高高的，师生之间的距离也瞬间拉近。

我的儿子也有类似的经历。有一天，儿子兴奋地告诉我：“妈妈，我们语文老师叫我小罗，不叫我的全名呢！”我呵呵笑着：“你喜欢老师这样叫你吗？”“喜欢！”儿子咧着嘴一直笑，“我喜欢老师这样叫我，他喜欢我才会这样叫我！”阳光下，儿子满脸幸福，笑容灿烂。

昵称是指亲昵的称呼，当人与人之间用昵称互相称呼对方时，两人之间的关系会更加亲密。我想，如果教师给班级里的学生取一个昵称，是不是就能让师生关系更加融洽呢？

于是，课堂上，我笑着说：“同学们，从今天起，我准备给大家取一个昵称。以后我在叫大家名字的时候，不叫姓氏，名字是三个字的就叫后面的两个字，名字是两个字的就用叠词。比如，我叫赵鹏为‘鹏鹏’……”话音刚落，教室里像炸开了锅，学生眉目带笑，像是期待着什么一样。

“琴琴，你来回答这个问题。”我大声叫着一个叫王琴的女生。只见王琴虽然害羞地抿着嘴，但是脸上却露出无法抑制的笑容，整个人也变得大方起来。

“涵涵，你来回答这个问题。”一个平日里大大咧咧的女生站起来，高兴得咧开了嘴，露出两排洁白的牙齿，回答问题的声音也比平时响亮。

“哇！”其他同学情不自禁地发出感叹，眼睛里满是期待。我继续这样叫着，一个接着一个，教室里弥漫着温暖的芬芳。

“老师，我听你这样叫我，心里像吃了蜜一样甜！”李卉眯着眼睛兴奋地说。

“老师，我爸爸妈妈喜欢叫我蕾儿，你就叫我蕾儿吧！”一个叫陈蕾的女生歪着头告诉我。

“好！按照你喜欢的方式叫更好！”我大声地说。

糟糕，班上有一个叫传艺的同学，还有一个叫朱艺的同学，怎么叫他俩呢？我站在两个同学跟前，为难地说：“你们喜欢老师怎么叫你们？”他们眨眨眼睛说：“老师，怎么叫都可以！”

“这可怎么好呢？难不成都叫‘艺艺’？”我打趣地说，传艺和朱艺笑得前仰后合。

有了，我猛拍脑门儿，激动地说：“这样，朱艺就叫‘朱儿’，传艺就叫‘传儿’！”两个同学听后，连连点头，表示满意。

“老师，‘朱儿’有点像‘猪儿’，哈哈……”一个男生故意不怀好意地笑起来。

“老师，要是这样叫，我们班不就有‘马儿’‘羊（杨）儿’啦？”教室里充满了快活的空气。

我继续叫着同学们的昵称并提问，被叫到的同学个个喜笑颜开，完全没有以前回答问题时眉头紧锁的样子。

我叫了一声“鑫鑫”。突然，有个同学提醒着：“老师，有两个鑫鑫，一个叫杨鑫，一个叫张鑫。”

“哦，这可怎么办呢？”我又有些为难。

“老师，干脆一个叫大鑫鑫，一个叫小鑫鑫。”顿时，全班同学哄堂大笑起来。

“好，请小鑫鑫起来回答问题。”小鑫鑫抿着嘴高兴地回答着。

“一闪一闪亮晶晶，满天都是小星星。”旁边的同学不由自主地唱起来。

“请大鑫鑫也来回答。”同学们更是会意地笑了，几个调皮的男生还故意扮演大猩猩捶胸顿足的动作，大家笑得前仰后合。

“同学们，咱们在叫对方昵称的时候，还要考虑对方的接受程度，要尊重对方的感受，不能有讽刺的味道。否则，本来是增加感情的昵称，最后却伤害了别人的自尊。”我一边笑着，一边引导学生。

“同同起来回答。”我高声叫道。

“老师，有两个同同，一个叫冉同，一个叫万同。”同学们提醒道。

“那就叫一同、二同。”我故意挤眉弄眼。

“哈哈，一同（筒）二同（筒），打麻将啦！”教室里热气腾腾。

“一同回答完毕，请二同回答。”整个教室里，同学们都兴致盎然。

“二同回答完毕，请谁回答呢？”同学们故意刁难我。

我灵机一动：“请‘胡了’来回答呀。”胡文同学触电般地站起来，眼睛笑得眯成一条线。然后，他提高声调自信地回答了问题。

“哈哈，一筒、二筒、胡了，我们有麻将了哈。”教室里热热闹闹。

一堂枯燥的复习课就这样在欢声笑语中接近尾声。猛然间，我发现教室里举手的同学越来越多，被叫到的同学脸上洋溢着幸福的微笑，没有被叫到的同学眼中流露出渴望的目光。我在心里暗暗惊叹：一个昵称竟然有着如此神奇的魔力。

（2）学生取一个昵称——给自己树一个响亮的品牌

现在的学生一般都喜欢给自己取网名，我也可以利用这一点儿，让学生给自己取一个有意义的昵称，引导他们用昵称进行自我暗示，唤醒积极向上的意识，形成自我鼓励的内驱力，树立自己响亮的品牌。

我说："同学们，有一个词语伴随了著名教育家叶圣陶先生的一生——'未厌'。这个词语表示他在任何情况下，对人世总抱着希望，决不'厌世'，对自己的工作则永不'厌倦'。他墓前的纪念亭也题名'未厌'，这样一个简单的词语高度概括了叶圣陶先生的世界观、人生观和价值观。同学们，我们也可以给自己取一个有意义的昵称，不管是用作微信名，还是 QQ 名，它都可以成为激励我们的精神动力。"

"老师，这个有意思！"同学们当即表示赞同。

"大家特别注意，这个昵称不能仅仅是文字符号的随意组合，而应该成为我们的一张名片，或一句座右铭，要能激励我们不断上进。"

"那我们要下去好好准备！"有的同学提议道。

"好，这就是今天的家庭作业！"我手一挥，成交。

第二天，大家上交的作业质量果然比平时高，同学们自己取的昵称真是各具特色。

有的从自己的特长出发取昵称。比如，祥辉给自己取昵称"狮王"，他说："狮王卡恩是一位世界级的守门员，他的气势能够让前锋害怕，他的怒吼可以激发整个团队的力量。我要成为和他一样的守门员，但是前提是我要好好学习。"

有的从态度方面给自己取昵称。比如，厚勇给自己取昵称"零度"，意思是一切要重新开始，保持初心，积极向上。大洋取昵称"沉静"，他认为现在的自己有点浮躁，他期待自己能沉静下来，做事能坚持下去。

有的从理想角度取昵称。比如，红莲给自己取昵称"非凡"，她说："这个词代表我的愿望和决心，我希望自己能努力做到非凡卓越。"

有的是中英文结合取昵称。比如，司强给自己取昵称 F. Division. Strength. G（F.D.S.G），他解释说："首尾两个字母分别是 fighting 的首尾字母，中间的 division 和 strength 是自己中文名字的翻译，F. Division. Strength. G 的意思是希望自己可以坚持奋斗、继续冲刺、自立自强。

有的从警示自己的角度取昵称。比如，孙燕给自己取昵称“猫尾”，她说：“我想用昵称警醒自己，希望自己能像猫尾巴一样警惕和努力。”

我让学生给自己取昵称的用意是希望他们用昵称提醒自己。我告诉学生：“从今天起，大家可以把自己的昵称作为努力的动力，在心里时刻用昵称提醒自己向着目标奋斗。”

正是因为这是学生给自己取的昵称，所以他们懂得细心呵护它、充实它，让它真正成为自己的精神动力。

（3）全班用一个昵称——给班级增加有趣的灵魂

无论是教师给学生取昵称，还是学生给自己取昵称，代表的都只是个人行为。如果教师和学生一起给班级取一个昵称，那么班级昵称既可以作为我们班级的班名，又可以从中提炼出班级精神，让其成为班级精神的文化核心。

我和学生共同探讨后，选择“逐梦”一词作为班级的昵称和班名，“逐梦”是学生根据班级精神提炼出来的，班级精神就是“追逐梦想，永不放弃，诗意生活，超越自我”。

我说：“同学们，我们给我们的班级取了一个昵称‘逐梦’，现在我们还要把自己的名字和‘逐梦’联系起来。”

“老师，要不，我们每个人围绕‘逐梦’写两句诗，同时把自己的名字嵌进诗里，这不就凸显‘逐梦’的主题了吗？”一个同学提议道。

“对呀对呀！”其他同学纷纷表示赞同。

“好主意！我是班级的一员，我也要写进去！”我故意俏皮地说。

同学们说做就做，马上行动。他们开始查资料、创作、反复修改，为了写出嵌入自己名字的两句诗可谓煞费苦心。最终一首以“逐梦”为主题的班级昵称诗就诞生了：

逐梦诗

玉树琪花同逐梦，瑰意琦行人皆有。逐梦小曦望沁脾，一泓清可沁诗脾。
陈菀幽幽蕴馨香，渝人奏箫引鸾鸣。泓澄烟水浸尘心，翔鹍贺燕无由窥。
袁水词人得意归，飞遍江南雪不寒。逐琅禁闼遥相忆，梦著酒卮共佳期。
馨语清心鸟若鸣，余声千转生情趣。芷携美酒为行伴，昕月如眉拂户前。
启力龙钟头欲白，龙城风沼棠影在。甘露洒空唯一味，雨前初见花间蕊。
尧娘堤抱古天津，嘉陵江近好游春。程中日夕歌钟起，鹏峦仙仗俨云旗。
刘琨坐啸风清塞，倩枝万枝梨花白。宇穴耶溪得到无，航葱渐见新丰树。
伊洛镜清回首处，莎鸟似云钟外去。王子仙成已飞去，月明凭槛数跳鱼。
露光初重槿花稀，芸中黄鹄日千里。喻下郧城首重回，玺叶隔帘见双翠。
张璪松石徒称奇，喜逢野鹤临清溪。周回胜异似仙乡，勇褐看山岁月长。
木雪轻飞易成景，落阴处丹心难却。东风无力百花残，寒梅朵朵暗香涌。
金鲸泻酒如飞泉，龙衔火树千重焰。书后欲题三百颗，洞庭须待满林霜。
颖慧佳名千里传，逐日奔月上青天。玉璧良材琢大器，轩昂美质铸精英。
陈琳草奏才还在，鑫心弟子时时来。云自无心水自闲，徐知个个出于蓝。
家家壁上有弓刀，俊杰辞天气正豪。少长登高一望乡，林下怀人路渺茫。
友来奕奕多才子，涛熟亦曾君手赐。雅帐连烽拥万蹄，婷杯共说远行期。
张道士输白道士，娜知否极休征至。周人谁识郁金袍，敏干精坚胡马骄。
一苇可航求仙境，逐梦万里全由心。余芳百世因逐梦，兴旺万世我梦圆。
杨柳精神不服输，逐梦意志拼发扬。万里随风寡悲欣，风狂雨骤梦作舟。
芷若生河东川谷，涵容百川逐梦心。宇心悄然含万物，涵义游荡赛白川。
胡音胡骑与胡妆，滨鬓秋景两苍苍。龙宫感激致应沈，婷下寒潭百丈深。
豪情如炽宜碧空，一点飞鸿惊青山。东西南北敦煌极，日月星辰奏凯歌。
报德空思奉逐流，畴昔雄豪如梦里。张弓射月风作箭，鸿雁展翅敢冲天。
付桑枝西真气奇，林圣闲坐问归期。雨和风击更纵横，婷上秋灯照月明。
黄叶喻曾同我悟，立马停舟飞酒盂。雷焕丰城掘剑池，晨兴拜表称朝士。
英僚携出新丰酒，杰旄落尽海西头。俊容带甲三十万，超来逢著山中伴。

熊汹洞庭莽翠微，港天不解高高飞。昌星不为英雄住，林中有鸟飞出谷。洪厓坛上长岑寂，治住此山宁有意。落霞与逐梦齐飞，拂晓与晖昀一色。

我们班级的学生名单是：肖琪琦、戴沁君、黄陈渝、孙泓翔、袁飞、柯忆佳、黎馨余、陈芷昕、但启龙、甘雨、黄尧嘉、姬程鹏、刘倩、刘宇航、罗伊莎、王月、熊露芸、喻玺、张喜、周勇、杨丹、李朵、李金龙、吕书洁、高颖婷、杨玉玲、陈鑫、单云徐、刘家俊、梅少林、肖友涛、许雅婷、张娜、周敏、罗依航、余旺、杨扬、杜欣雨、陈芷涵、张宇涵、胡滨、龙婷、巫宜鸿、张星、王思豪、张鸿睿、付林、何雨婷、黄立、雷晨、李英杰、廖俊超、熊港、杨昌林、洪治。

我们还邀请家长代表尧嘉爸爸用毛笔将“逐梦诗”写出来，然后我们用中国风的元素将其装裱得美观而精致，最后把它挂在教室后面的墙上。同学们兴奋地在“逐梦诗”中找着自己的名字，内心的自豪感油然而生。“逐梦”的种子已经在大家的心里种下，正在慢慢生根、发芽……

“逐梦”慢慢变成我们班级的灵魂，扎根在每一个同学心里。未来三年，我们将走在追逐梦想的路上，用行动诠释“逐梦”的精神内涵！

8 行为文化

——复盘让我们更优秀

什么是行为文化？即通过塑造班级精神，构建班级灵魂，在日常行为中体现的班级文化。我们班级的行为文化特色之一就是复盘。复盘既是一种学习方法，也是一种行为习惯，更是一种提升智慧的重要艺术。我们是如何复盘的呢？

（1）“传数筒”游戏——认识复盘

要想让学生学会复盘，首先要提高学生对复盘的认知。为了让大家了解复盘，我设计了“传数筒”游戏。

班会课上，我问学生：“大家知道什么叫复盘吗？”很多同学摇头。

“老师，我从没有听说过。”有的同学一脸茫然。

“这样，我们先来玩一个游戏，体验一下什么是复盘。”我们班共 50 名学生，我把学生分成 8 个组，每 6 个人一组。剩下 2 个学生做裁判。

我在纸条上写下数字 59 后宣布比赛规则：“首先，请各组组员站成竖排，每组最后一个同学看纸条上的数字；然后，每组的最后一个同学用手指在前面同学的后背上书写纸条上的数字，从后往前依次进行，注意只能在后背上书写，不能用语言或其他方式传达；最后，由每组最前面的同学说出数字。数字传达准确无误且速度最快的一组获胜。”

随着裁判员的一声“预备，开始”，大家开始在同学的后背上以书写的方式传递着数字，结果各组传达的数字不尽相同。传达正确的小组惊喜大呼，传达错误的小组捶胸顿足。

我不动声色，微笑着说：“下面各组成员聚集在一起，总结一下上一轮比赛成功的经验，或者分析一下失败的原因，为下一轮比赛做准备。”

各个小组成员立刻聚集在一起议论起来，大家总结着上一轮比赛的经验或教训，同时商量着下一轮比赛的策略。有的组下一轮比赛准备脱下外套，有的组将使用特有的暗号在背上书写。

接着，我们开展第二轮比赛。我加大这一轮比赛的难度，写下数字83。虽然比赛难度加大了，但是因为有了上一轮比赛的经验或教训，大家显得胸有成竹。比赛结束，果然这一轮比赛成功的组数明显增多。

此时，我笑着告诉大家：“同学们，其实大家刚刚在一起讨论商量的过程就是一次简单的复盘。”我顿了顿，马上出示 PPT：

复盘，围棋术语，也称“复局”。复盘并不是让我们把原来的事情重新做一遍，而是一种全新的思维方式。复盘体现对事件的重视，通过重新审视事件，重新思考事件中的行为和思维，从而吸取经验，找到根源，总结规律，最终实现能力的提升。

出示完复盘概念的 PPT 后，我列举了复盘的实例：“许多先贤和企业家都有复盘的习惯。曾子说过：‘吾日三省吾身’；曾国藩有大事后静思、自省的习惯；柳传志有复盘的习惯，他每天晚上都会思考，通过对事件的回想、分析，从而找出改进方法；任正非也高度重视复盘，始终保持复盘和自我反省的习惯。”同学们都好奇地看着我。

我稍稍吐了一口气，继续说：“复盘不仅对伟人和企业家有用，对我们的成长也有很大帮助。成功有成功的理由，失败有失败的原因。犯错误并不可怕，既不能及时发现错误，也不能从失败或错误中总结教训，并采取纠正措施，才是最可怕的。”同学们听后若有所思地点着头。

（2）“GRAI 复盘思维法”——明晰方法

帮助同学们认识了复盘之后，关键是要让他们善于运用复盘的思维。此时，我们开展了复盘体验活动，让同学们感受复盘的妙处。我先告诉同学们“GRAI 复盘思维法”。

我说：“同学们，有一种复盘方法是‘GRAI 复盘思维法’。”

“老师，什么是‘GRAI 复盘思维法’呀？”同学们很是好奇。

“GRAI 代表四个英语单词，首先 G——goal 是目标回顾。”我一边说，一边打开 PPT 上的“目标回顾”。

“然后 R——result 是过程再现，接着 A——analysis 是得失分析，最后 I——insight 是总结提升。”我一边说，一边用 PPT 展示这一组词语：目标回顾，过程再现，得失分析，总结提升。

我眨眨眼睛，俏皮地说：“我们要不要来体验一下‘GRAI 复盘思维法’？”同学们充满好奇。

“大家就以自己最近的学习情况作为复盘内容吧！”我一步一步地引导着同学们体验复盘。

第一步，目标回顾。我说：“请同学们说说你的学习目标是什么。”

“我的目标是上重点高中。”“我的目标是进重点高中的尖子班。”“我的目标是学好美术。”同学们争先恐后地回答着。

第二步，过程再现。“既然大家都有明确的目标，那么请大家根据目标回顾一下你最近的学习情况。从上课、作业、思想、自习这四个方面回顾，看看自己是否为自己的目标去努力了。在回顾还原的过程中，大家千万别自欺欺人，要实事求是、全面完整地复原自己的学习情况！”我一边交代着，一边在黑板上写道：

过程再现原则：

心态：虚心，空杯心态，大胆面对自己。

记录：客观、真实、完整、细节、全面。

“大家可以先从自己的上课、作业方面进行复盘。我们可以针对各个学科分别回顾。”我继续引导同学们。

“我上课的状态不是很好，听课的时候会说话。物理和数学一般，英语、数学、化学、历史还可以。”李红说。

我边听边引导：“你可不可以具体地把上课的状态描绘出来，既可以围绕某门学科大致讲讲，也可以就自己的薄弱学科具体谈谈。”

李红继续说：“是这样的，上语文课时我没有听讲，老师叫我回答问题，我回答不出来；上数学课时我打瞌睡，老师为了督促我，让我站一会儿，我的注意力才集中起来；上物理课时我思想开小差，我心里居然在想今天中午吃什么。”

我心里暗暗发笑，多么诚实的学生呀！我极力肯定着她的描述：“这样叙述就更仔细、更具体了，咱们要敢于剖析自己。”其他学生看到了示范，也开始陆续回顾、还原、再现自己的学习过程。

第三步，得失分析。“接下来，请大家对自己的学习情况加以反思和分析，看看存在哪些问题。这是一个自我成长的过程。我们用今天的眼光去审视昨天的事情，可以从昨天的得失中学到对明天有用的信息。”我启发着同学们。同学们开始埋头沉思。

“我觉得我上数学课的时候不是很认真，我之所以对数学有些排斥，可能是因为我对老师讲的知识不太感兴趣。我上物理课会走神，是因为老师讲课的声音时大时小，听起来有点儿乏味。上英语课和政治课我举手不积极，不仅因为怕答错题丢面子，而且因为这两个科目的难度增加了……”同学们分析得比刚才更加仔细了，可还是不够透彻。

于是，我决定用“5why 分析法”进行发问。我先给大家介绍“5why 分析法”：“同学们，这个时候，我们需要用‘5why 分析法’才能把问题分析透彻。所谓‘5why 分析法’，就是对一个问题点连续以 5 个‘为什么’来自问，以追究其根本原因。”

我转过身，在黑板上书写“5why 分析法”，然后对同学们说：“当局者迷，旁观者清。不同的人关注的信息是不同的，所以我们可以利用集体的力量，帮助自己突破个人局限，进而把自己的问题看得更全面。下面我请一个同学和我对话。”

“老师，我来。我希望你帮助我。”子涵高高地举起手。

“好，我非常支持主动的同学。请你先还原一下你的学习情况。”我说。

“我剖析的科目是数学。我的数学不好是因为不喜欢数学。”子涵说。

“为什么不喜欢数学？”我问。

“因为一上数学课我就打瞌睡。”子涵回答。

“为什么会打瞌睡？”我继续追问。

“因为前一天晚上睡得很晚。”子涵想了想说。

“为什么睡得很晚？”我进一步追问。

“因为要做数学作业。”子涵回答道。

“为什么数学作业不能在规定时间内完成？”我穷追不舍。

“因为我既不会做，又不敢问老师。”子涵小声地说。

“为什么不会做？为什么不敢问老师和同学？”我不舍弃地问。

“我不会做是因为上课时思想开小差，我不敢问老师和同学是因为我怕丢脸。”子涵豁然开朗，“老师，我明白自己的问题了。”

此时，我微笑着看着子涵：“这样问下来，你有什么感觉？”

“我感觉豁然开朗，知道该怎么处理问题了。”子涵歪着头兴奋地说。

我总结道：“是呀，小组内就这样交流，大家通过互相追问5个问题，帮助同学找到进步的方向。这种能促进我们深入思考原因的方法，就是‘5why 分析法’。”

第四步，总结提升。我接着说：“刚才大家已经明白了自己的问题所在，下面就让我们针对自己刚才的思考，提出相应的策略。”

学生们想了想，开始回答。陈一说：“我思考的是重视政治的策略：①每天拿自己的政治笔记给小组长检查；②每天要求自己听写政治概念并一定过关；③每天自己提前听写政治概念；④每天请我的同桌大洋督促我在政治课上举手发言，如果我不举手发言就请客。”

周虹说：“我想的学习提升策略有两点：①给自己制定一个早睡早起时间表，并严格执行；②每周要求自己提出 5 个问题。”

高琳说：“我思考的是快速完成数学作业的方法：①定时完成数学作业；②每天鼓励自己问数学老师一个问题，如果主动问数学老师问题，就给自己买一个棒棒糖作为奖励。”

看着大家兴奋的样子，我总结道：“通过同学们的回答，我发现大家不仅学会了分析问题，而且还会对症下药解决问题，非常好！当然，最重要的还是要实际行动起来。”

（3）“每日一省修炼法”——个人复盘

学生学会了复盘的方法以后，我开始引导大家在学习生活中使用“每日一省修炼法”。于是，每天下午放学前，我让学生用 5 分钟反省思考自己当天的学习生活情况。

我对学生讲明个人复盘的要点：“同学们如果想将个人复盘做到位，那就需要注意五点。第一，要实事求是，坦诚地面对自己，对自己严格要求。第二，先执行再优化，先严格按照‘GRAI 复盘思维法’按部就班地思考，再对自己一天的学习生活情况进行总结。第三，要记录要点，便于提醒自己。第四，要深入反思，要敢于跳出经验，不要陷入‘经验陷阱’。第五，习惯成自然，坚持每天在固定时间进行复盘。”

刚开始，我们按照步骤对一天的所有学习生活情况进行复盘。后来，我们有针对性地就某个点进行复盘，比如“时间管理”“三闲”“复习侧重式自省”等。

以“复习侧重式自省”为例，复盘包括三个方面：①学科情况诊断书——各学科学习内容，各学科掌握情况，各学科回顾反思，各学科改进措施；②总体衡量今日学习生活得失——优秀的方面，不理想的方面；③总体突破改进计划——时间安排，具体策略，奖惩方法。

随着复盘的深入，大家开始自主复盘。学生在选择复盘的点上也各不相同：有的选择自己需要提升的科目，有的选择自己的书写状况，有的选择控制自己说废话的习惯，有的选择心态调整方面。

慢慢地，我们班级的个人复盘已经突破了时间和空间的限制。学生不仅在平时复盘，还做个人周复盘。不仅在班级群里复盘，还在家里复盘。大家已经真正把复盘变成一种习惯。

（4）“三阶九步法”——团队复盘

对于班级中出现的问题，我们每周召开一次团队复盘班会，具体操作方法是“三阶九步法”——三个阶段，九个步骤。

三个阶段包括：前期精心准备，中期有效引导，后期积极推进。每个阶段分别包含三个步骤，一共是九个步骤。具体过程如下：

第一阶段：前期精心准备。因为复盘班会是以团队研讨的形式进行的，所以前期需要精心准备，否则复盘就会低效，甚至无效。

第一步，确定重点。每周一我们确定本周班级复盘重点，并以此命名周名，如纪律周、清洁周、好事周、自律周、考试周等。

第二步，观察记录。值周班长每周进行整体观察，值日班长每天观察记录当日总体情况。各个班干部按照分工进行专门的情况记录，比如，语文课代表专门记录语文作业完成情况，英语课代表专门记录英语课堂情况。

第三步，提前汇总。每周五晚上8：00，各个班干部把本周的总结情况发到班级群里，我们在班级群里汇总资料。

第二阶段：中期有效引导。周一班会上，我们根据上周五班级群里的总结情况进行深入挖掘，这决定着复盘的效果。怎样有效引导呢？

第四步，目标开场。开场由值周班长主持，明确本周复盘的内容。

第五步，有效研讨。首先，值日班长、班干部依次上台进行总结；然后，全班同学一起用“GRAI复盘思维法”开展研讨，注意抓住关键点，突出重难点；接着，班干部总结，同时记录员梳理出“上周亮点”和“上周问题”；最后，大家再针对问题提出“解决方法”，并书写在黑板上。

第六步，总结收尾。因为在班干部发言的时候，黑板上已经有“上周亮点”和“上周问题”，还有“解决方法”，所以总结的内容水到渠成。

第三阶段：后期积极推进。这个阶段的内容是付诸行动，落实复盘的结果，积极推动“解决方法”落地。

第七步，整理结果。大家通过周一班会的有效挖掘，根据复盘提出的问题，确定本周的班级重点。

第八步，跟进措施。我们对本周确定的班级重点进行督导，并不断跟进商量后制定的改进措施。

第九步，评估改进。措施实施一周之后，本周五复盘，大家看看是否解决了问题，如果没有，将针对问题继续复盘，继续评估改进。

只有如此循环，才能将团队复盘真正落到实处。“三阶九步法”的团队复盘不仅使班级目标明确，日常管理有的放矢，班级运行井然有序，还培养了班干部的能力，树立了班级榜样，促进了班级复盘文化的形成。

（5）家长参与式——项目复盘

项目复盘是指对一个具体的主题项目进行目标回顾，过程再现，得失分析，总结提升。项目复盘既可以帮助参与者不断地改进学习，又可以加速个人成长，还有助于团队的稳步提升。我们和家长一起主要做两种项目复盘。

一种是班级群固定周复盘。我们根据班级学生的本周表现情况，提前把在班级里出现的共性问题作为复盘的项目，要求学生家长每周进行项目复盘。

①提前选好主持人。全班家长按序号排列，依次担任主持人。②召集会议。每周日晚上8：00，主持人做好海报，在班级群里主持召开会议，并进行人员考核。③重温项目目标。家长们在班级群里重温自己孩

子的本周目标。④回顾过程。家长们在班级群里回顾这一周孩子的情况和家长的做法。⑤分析原因。家长们一起分析孩子出现问题的原因。⑥找出困难和建议。家长们分别说出自己的困难，主持人进行主题式发言，给出具体建议。⑦畅所欲言。家长们补充解决方法。⑧整理并发布家长发言。主持人整理发言，发到班级公众号，供家长们学习。⑨确定下周重点。家长根据本周问题决定下周复盘重点。

另一种是项目体验式复盘。我们先确定一个主题，然后让家长参与，最后让家长在体验中不断总结改进，再实践提升。

比如我们班的“中考体育考试家长测试”项目，家长们一共实践了三次。我让家长自己当评委，自己组织。第一次家长们到了场地，因为没有经验，所以家长们现场临时分工，学习测试标准。经过第一次复盘，第二次家长们就提前做好分工，到了场地后各就各位，有的家长还带来了备用的测试工具。经过第二次复盘后，第三次家长们完全能应付自如，不仅有专业人士测试，还能进行技术指导。整个项目家长们就是在三次体验中进行项目复盘，再不断改进，才顺利实施的。

（6）对症下药式——化用复盘

随着班级复盘实践的深入，我们慢慢学会了化用复盘。

首先，做笔记复盘法。很多同学做完笔记后，不知道自己是否进行了复习，复习后是否有新的收获。我们使用做笔记复盘法就可以解决这些问题。我们在笔记本上划分出三个展示区域：上面左边区域记教师上课讲的内容，上面右边区域记学生自己的思考，下面区域记学生整理笔记、复习后的思考。这样学生经过不断地复习，就会不断地有新的收获。

其次，错题本复盘法。如何让学生利用错题资源，真正学会分析原因、总结经验呢？我们使用了错题本复盘法。学生的错题本要用不同的颜色显示不同的内容：用黑色笔抄写“原题”，用蓝色笔写出“错误答案”，用黄色笔写下“正确答案”，用红色笔记录“错题原因”。其中，

“错题原因”又包括三个方面——找出与原答案的差距，深刻分析错题具体原因，联想迁移其他相关类型的题目。错题本复盘可以将复习做到深处、细处，起到举一反三的作用。

通过化用复盘，学生不仅学会了不断深刻、细致反思的思维方式，而且将复盘变成了一种生活常态。

班级的复盘行为文化从个人到团队再到家长，从随意到规范，从规范到实效，从实效到化用不断提升。有效的复盘振奋了班级信心，提升了班级文化，既让大家乐在其中，也让班级不断成长。

9 阅读文化
——班级阅读一条龙经营

阅读是开阔视野、开发思维、陶冶情操的最好方式之一。阅读既可以是一种行为习惯，也可以是一种生活方式。那么，如何让阅读成为学生的生活方式呢？我们开展了“班级阅读一条龙经营”活动，最终让学生的阅读像呼吸一样自然。

（1）阅读筹备——摁下前期启动键

培养学生的阅读习惯需要有固定的阅读场所，便于营造阅读的氛围。拥有固定阅读场所的最便捷方式之一就是建设班级图书馆。我们以班级图书馆为载体，推动班级阅读活动的开展。

想方设法筹图书。班级图书从何而来？我先把自己的藏书，包括文学历史、人物传记、生活励志、笑话消遣等方面 100 多本图书捐给班级，又把往届学生留下来的书籍搬到教室。同时，我要求班级的学生捐书，每人至少 1 本。

深思熟虑选馆长。学生经过反复考虑，最后推选出两位同学担任班级图书馆的管理人员，她们分别是馆长颖婷和副馆长玉玲。这两个同学一个特别细心，一个特别爱看书。新官上任三把火，她们一上任就着手管理图书：认真登记每本书的出处，并对每本书进行编号、分类。

筹备“源头活水会”。有了固定图书，还需要源头活水，才能不断增加新鲜血液。于是，馆长号召同学们成立了“源头活水会”。“源头活水会”由“会计”“出纳”“公布员”“购书团”“借书团”组成。“会计”记账目，“出纳”管资金，“公布员”负责公开账目，“购书团”负责购买书籍，“借书团”负责换书、借书等事务。

班级图书馆的资金筹备由“源头活水会”成员共同商定，他们先确定所需费用，再集体收缴。收缴的费用一部分用于每月定期到新华书店购买新书和网上购书，另一部分用于订阅报纸和杂志。

除了“借书团”负责定期到学校图书馆借书，全班同学还进行分组，每组推荐一位组员帮大家选书，这样可以不断地增加班级图书馆的图书数量。此外，我们还和兄弟班级换书并交流阅读心得。

周密细致定公约。筹备好班级图书馆后，全班同学商量制定了《班级图书馆借书公约》《班级图书馆馆长职责》《“源头活水会”规则》。

班级图书馆借书公约

①借书时间为每周一12：30—13：00，其他时间不借书。

②每人每次只能借阅一本图书，借书期限为两周。如果到期没有还书，就按照每天5角钱的租金计算超期费用。

③请大家爱惜图书，不要在图书上乱涂乱画，不得故意损坏班级图书。如有损坏，就照价赔偿。

④如果借阅的图书丢失，就照价赔偿。

⑤借书者先在图书馆里面选好需借阅图书，再在图书馆馆长处登记相关信息，如此方能借出图书。

⑥借阅图书时，请大家讲究礼仪，排队借阅，不要一窝蜂地借书。

班级图书馆馆长职责

①热爱图书，热爱自己的工作，爱护班级图书馆。

②定期对图书进行编号并整理完善。

③保持图书馆整洁，定期清理、整理图书。

④借出图书的时候，认真登记借书者信息，并清晰记录图书归还

日期。

⑤及时催还没有还回的图书。

⑥不徇私舞弊，不卑不亢，遇到逾期不还书者，立即催还。

“源头活水会”规则

①每位成员各司其职，分工合作。

②“会计”如实仔细地记好每一笔账目，并做成表格。

③“出纳”管理好筹备资金，不得私自挪用公款。

④“公布员”及时仔细地公布每一笔账目，不得拖拉。

⑤“会计”“出纳”“公布员”互相配合默契，做到每笔款项有记录、有出处，并定期公布。

⑥“购书团”就购书书目征求全班同学意见，并坚持定期购买图书。

⑦“借书团”坚持定期组织同学们开展借书换书活动，并做好记录。

做好前期的班级图书馆开馆准备工作，后期的阅读活动才可以顺利开展。

（2）阅读礼仪——我给图书见面礼

在班级图书馆开馆之前还需要教给学生一些阅读礼仪。为了让学生爱上书、敬畏书、保护书，并且知读书规则，懂爱书礼仪，我引导学生给图书准备了两件见面礼。

做“惜书书签”。我引导大家：“同学们，古人在读书之前需要净手洁案，然后正襟危坐、口无杂言、专心致志，阅读佛经前甚至还要沐浴焚香，可见古人对书籍和文字的敬重。那么我们应该如何爱惜图书呢？”

有同学马上提议：“老师，趁着班级图书馆开馆，我们就给每本图书送见面礼吧！每个同学做一张爱惜书籍的书签，先在书签上写上爱惜书籍的温馨提示，然后放进每一本书里面，这样大家在翻阅图书的时候，就能看到这些爱书的温馨提示，多好！”建议一出，立刻得到全班同学的一致赞同。大家还饶有兴致地将书签命名为“惜书书签”。

接着，同学们兴致勃勃地用冰棍的木签做起书签：有的同学做成蝴蝶翩翩起舞的形状，有的同学做成小船的模样……书签的形状各式各样。然后，同学们兴高采烈地把自己制作的“惜书书签”放进每本图书里，每一个同学都兴趣盎然地把自己对书的呵护和虔诚之情融进书签中。

定看书礼仪。我们除了要爱惜书，还要制定看书礼仪规范，所以我们给图书的第二件集体见面礼是“看书礼仪”，包括借书、选书、读书、还书等环节的礼仪规范。

看书礼仪

①借书请排队，并保持安静的氛围。

②图书馆是怡情的地方，请像书一样雅致，记得轻言轻语。

③请安安静静地选书，有礼貌地坐下看书。

④每一本书都有它的价值，请平心静气地阅读。

⑤书籍是需要呵护的，请保护好书，不要让它受伤害。

⑥请注意保护书的封面，就像爱护自己的外表一样，保持书的整洁。

⑦看完书，请轻拿轻放，并保持班级图书馆的整洁。

⑧请记得把“惜书书签”放在书里面，它是永远的温馨提示。

给图书的见面礼，不管是“惜书书签”也好，还是“看书礼仪”也罢，都是为了培养学生对图书馆、对书籍尊重恭敬的态度。同学们要以阅读为基，也要以人为本，阅读礼仪为大家养成良好的阅读习惯做好了前期准备。

（3）阅读仪式——开馆剪彩小仪式

为了激发学生的阅读兴趣，培养他们良好的阅读习惯，我们需要举行一场阅读启动仪式——班级图书馆开馆剪彩仪式。为增加阅读活动的庄严感和仪式感，这场仪式的步骤如下：

第一步，特邀嘉宾走红毯。特邀嘉宾是我们班级读书数量位居前两位的“阅读形象代言人”和“德艺双馨之星”，他们最先入场，然后在大家的掌声和簇拥中走上鲜艳的红地毯。

第二步，“阅读渊博之星”讲话。班级“阅读渊博之星”心雨讲话时有些害羞，只见她满脸通红地说：“很高兴今天参加了班级图书馆的开馆剪彩仪式，我希望同学们在逐梦图书馆积极借书，希望同学们爱惜图书，多读书，多学习，少吃零食多看书！”几句简单诙谐的话语惹得全场同学哈哈大笑，既而是一阵热烈的掌声。

第三步，班级图书馆馆长宣誓。馆长和副馆长左手拿着誓词，右手握拳高举着，庄严而神圣，声如洪钟地说：“我宣誓：我愿成为逐梦图书馆的馆长，为同学们服务，给同学们提供一个良好的阅读环境，让同学们可以读自己喜欢的书，看自己喜欢的文章，欢迎同学们踊跃借书！”那铿锵有力的宣誓声，久久回荡在教室上空。

第四步，馆长宣布阅读规则。馆长先宣布班级阅读规则，然后现场宣读我们商量好的“班级图书馆借书公约”，使规则深入人心。

第五步，全班签名留念。同学们把自己的名字签在阅读留言簿上，在心中留下永恒的记忆。

班级图书馆剪彩仪式既正式开启了班级阅读活动，又赋予阅读以庄严的意义和神圣的使命，还让同学们产生了强烈的自我暗示：热爱阅读就是热爱生命！

（4）阅读生活——日常生活大揭秘

如果我们要将阅读变得像呼吸一样自然，那就要将阅读活动生活化、日常化、习惯化。

每日阅读——坚持一日三次阅读日常。我要求学生每天早上诵读经典20分钟，中午自由阅读20分钟，下午放学朗读课文5分钟。特别是中午的自由阅读，即便有时耽搁了，我们也要找时间补回来，以确保每日阅读坚持进行。

每日一语——坚持每天三分钟阅读分享。我要求学生每天在上语文课前分享自己的阅读感悟，并将其取名为“三精牌每日一语”——精彩、精简、精致。阅读分享形式多样：书籍推荐、哲理小语、故事讲解、诗词鉴赏等都可以。尽量让学生在每日阅读后可以学以致用。

每日笔记——坚持每天做阅读笔记。我要求学生每天要做好阅读笔记，笔记形式要多样化，包括摘抄式、感悟式、化用式等。我们还专门开设阅读笔记指导课，让学生学会各种做阅读笔记的方法。

每日随笔——坚持每天写日记。我要求学生每天写日记，不论字数多少，每天都要坚持记录，并养成习惯。

阅读存折——坚持阅读的积累量化。我要求学生每天登记自己阅读的页数，并把阅读情况做成银行存折，班级图书馆馆长定期检查记录，每周公布一次阅读结果，并根据阅读量给予奖励。

因为阅读是一项持之以恒、日积月累的工程，所以阅读需要每天的坚持和持续的努力，只有这样才能实现从量变到质变的飞跃，才能真正把阅读变成学生生命中不可或缺的一部分。

（5）阅读成员——开阔视野书友会

我班和邻班聚集到一起共同组成书友会，不仅增加了同学们阅读的深度，扩展了阅读的广度，而且让同学们明白了阅读的意义。

我爱阅读分享会——学生当评委。同年级的两个不同班级组成书友会，每个班的同学依次排号上场，大家轮流当选手。时间固定在每周三下午第四节课，地点在阶梯教室，大家现场进行阅读分享，最后由学生当评委，评出不同等级。

经典背诵你我他——两班擂台赛。两个班级全员参与擂台赛，大家现场抽签背古诗、小古文，背诵正确的同学可以为自己的班级挣得 1 分，最后两个班级算总分，分出班级胜负。

自备文章讲课赛——两班互 PK。两个班级以小组为单位参加比赛，规定相同文章，双方通过查资料、写教案共同备课，最后进行讲课比赛。

在书友会中，班级同学之间互相碰撞，共同启迪，获得新知。书友会唤醒了同学们的阅读激情，正如一名学生所说："书友会为我打开了一扇窗，让我得到了锻炼，开阔了视野。读好书，交好友，真是不亦乐乎！"

（6）阅读展台——书香墙壁大舞台

一篇文章、一张照片代表着一段读书的旅程，一份光辉的记忆，它们都被镌刻在了教室外墙上。当同学们驻足欣赏的时候，当同学们精心布置每一寸墙壁，如同爱护自己的奖杯一样呵护它们的时候，我知道，阅读的火焰已经在他们的心里燃烧起来。

阅读精英榜——每周阅读人数增加。我们把每周评选出来的"阅读之星"的生活照片上墙，整体图形是一棵"大树"的样子，随着"阅读之星"的增加，"大树"的"枝干""树叶"也随之增加，阅读精英榜的寓意是阅读能丰富我们的精神世界，让生命枝繁叶茂。

阅读大展台——每周阅读笔记展示。我们在走廊墙壁上展示学生每周的阅读笔记，大展台给学生提供一个舞台，让他们每天都能看见自己的成长。

收获大家展——全员展示书香报纸。我们把学生的阅读收获做成书香报纸并布置上墙，全员参与制作并全部张贴，每一个学生都是阅读的主角。

把墙壁变成学生阅读展示的大舞台，不仅见证了学生阅读的过程和成果，而且加深了学生快乐的阅读体验。

（7）阅读推进——分门别类专题坊

我们将阅读内容编成专题课程，把初中三年作为一个整体开展共读活动，以诗歌、散文、小说、戏剧、新闻为主题，把阅读方法、阅读交流、阅读写作结合起来，使阅读成为一门课程。

主题式阅读——以现代诗为例。我们把当代诗人汪国真的诗歌列为共读诗歌，同时鼓励学生自主阅读其他现当代诗人的诗歌。以“每天一诗”（每天共读一首诗歌）、“诗歌考级”（根据背诵诗歌数目进行升级）、“诗歌鉴赏”（对诗歌进行鉴赏）、“华山论诗”（诗歌比较）的方式开设诗歌阅读课程。

阅读方法指导——以阅读笔记为例。我们开设课程，指导学生做阅读笔记，包括摘抄式、仿写式、化用式、感悟式、找疑式笔记等。

阅读活动系列——以阅读活动为例。为了鼓励学生广泛阅读，我们开展了“诗林大会”（以朗诵诗歌为主）、“美文圣殿”（以朗读散文为主）、“美歌改编”（以改编歌词为主）、“经典会演”（把经典作品编成剧目）等系列活动，从而逐步深化推进阅读课程。

阅读方式的多样化，不仅多角度地持续激发着学生的阅读兴趣，而且深化了学生对阅读内容的思考；不仅增强了学生的独立思考能力和理性鉴赏能力，而且修炼了学生的身心。

（8）阅读延续——互联网上品书香

假期我们利用网络，每周开展一次阅读交流活动。假期阅读以经典名著为主，自选作品为辅。

周五有约——固定交流读书感受。我们已经养成习惯，每周五晚上7：00—8：00准时在班级QQ群里聚会，互相交流阅读感受。我们提前安排好主持人、考勤人员、整理人员，大家各司其职。我们有时开展专题讨论，有时进行赏析阅读，有时提出疑难问题并解答。

书香简报——把交流成果整理成简报。我们首先整理交流内容，然后发布到班级公众号上，最后做成简报。

自主阅读——假期正是读书时。假期是自主阅读的最佳时期，除了必读书目，学生还可以根据自己的兴趣和爱好，有选择性地阅读，并做好阅读笔记，便于开学后和同学进行自主交流。

读书给假期增添了一份意义，既让学生体验了超然的读书境界，又让假期生活因阅读而更加精彩。

（9）阅读成果——我的作品我做主

我们的读书成果主要以发表作品、征文获奖、主题班刊等形式展现。

发表作品——打磨日记。阅读是输入，写作是输出。我们鼓励同学们写日记，不断积累素材并修改打磨，再积极投稿，发表作品。

征文获奖——珍惜机会。我们鼓励同学们积极参加各类征文比赛，要求同学们珍惜每一次参赛机会，认真对待每一次征文比赛，相信付出就有收获。

主题班刊——编辑整理。阅读充满张力，经历丰盈人生，同学们把平日大家积累的阅读文字编辑整理成主题班刊。为了做班刊，大家在一起反复编辑、修改。这就是阅读积蓄的精神力量。

这一路走来，同学们行进在阅读的旅途中，徜徉在高雅的文字世界里，享受着阅读带来的惬意。阅读融进了同学们的生活，浸润了同学们的心灵。阅读，是一辈子的事情。我们，永远在探索。阅读，永远在路上。

第三章

趣味习惯养成：

掌控习惯就能掌控人生

10 养成运动习惯
——科比协会成长记

毅力是指人们为达到预定的目标而自觉克服困难、努力实现目标的一种意志品质。毅力作为一种无形的力量，不仅可以帮助人们克服恐惧沮丧的心理，增强人们战胜困难的能力，而且还能为人们实现梦想提供源源不断的动力。

培养毅力的办法是通过坚持一个个习惯，慢慢形成意志力。我们班级把跑步定为培养毅力的习惯，通过坚持跑步很好地培养了学生的毅力。

（1）语言鼓励——系统鼓励涨热情

我要求学生每天早上6：30准时在操场上集体跑步，刚开始时大家很积极，慢慢地失去新鲜感后，有的学生开始偷懒，可见每天坚持下去需要毅力。如何鼓励学生坚持下去呢？青春期的学生都非常重视自己的身材。我何不利用他们的这个特点呢？

于是，在一次跑步前，我编了一句顺口溜，写在黑板上："男生没有良好的体魄，就没有良好的前途；女生没有腰线，就没有生命线。"然后，我慷慨激昂地说："同学们，我们坚持的不仅仅是跑步，更是为前途和生命线而坚持呢。男生没有良好的体魄，就没有良好的前途；女生没有腰线，就没有生命线。我们一起来读一读。"

学生觉得很好玩，读得声震天地、气冲斗牛。大家兴奋地边跑边喊："练前途了，练生命线了！"就这样，学生跑步的热情被激发。

除了要激发学生对跑步的兴趣，我们还要提升他们对跑步的认识。

我问学生："大家知道跑步的好处吗？"

"保持身体健康！"学生顺口回答我。

我摆摆手说："跑步的好处多着呢！第一，能减肥。如果大家都能坚持跑步的话，那么女生的身材就会变得更加苗条，男生的身体就会变得更加结实。第二，会让人变美。跑步加速人体血液循环后，女生的皮肤会'白里透红，与众不同'，男生会'身体倍儿棒，吃嘛嘛香'。"顿时，全班同学哄堂大笑。我接着说，"第三，可以增强身体免疫力。第四，能磨炼意志。坚持跑步可以培养我们坚持不懈的毅力。"

说完跑步的四个好处，我继续讲："坚持一个好习惯可能是改变你一生的大举措。同学们，为了养成好习惯，让我们从当下的跑步开始吧！"几个同学情不自禁地附和："好好好，坚持跑步！加油！"

（2）科比协会——深度挖掘增动力

为了让学生自觉锻炼，我们班级还成立了锻炼协会。

我说："同学们，光有热情是不够的，还需要落实到实际行动中。我准备成立一个锻炼协会，愿意加入的同学请举手，一切靠自觉呀。"学生唰唰地举起了手。一个，两个，三个…… 一大片呢。

"有了锻炼协会，我们要给它取一个有意义的名字，大家觉得取什么名字好呢？"我继续引导学生。

"拼搏队。""太俗气了。""用一个明星的名字命名就时尚了。""还要和体育有关。""科比！我觉得他不仅是体育明星，而且代表自强、勤奋、毅力。"学生踊跃发言。

我趁势引导学生向科比学习。因为科比这个名字不仅仅是一个符号，更是一种精神。

我说："既然很多同学都喜欢科比，认为他就是我们的精神榜样，那么我们再挖掘一下，科比在哪些方面值得我们学习呢？"

"科比很勤奋。他每天训练 6 个小时，投篮 1000 次，我们要学习他的勤奋。”锦瑞站起来兴奋地说。

“对，我们只有坚持不懈地努力，才能养成持之以恒的意志力。”

“他比赛的时候虽然手指都脱臼了，但是为了能够取得胜利，还是强忍着痛苦，依旧苦苦支撑着。我们可以学习他不怕吃苦的精神。”“如果比赛中一次投篮不中，赛后科比就加练200个球。他对自己非常严格。”“科比只要一上场，就拼尽所有能量，只为赢球！他赢球几乎到了疯狂的地步！他为了赢球，可以一个人投篮48次！可以一个人独得81分！我觉得我们要学习他全力以赴的精神。”大家七嘴八舌地议论开来。

“对，同学们，既然我们以科比的名字命名锻炼协会，那么我们跑步就要学习科比坚持不懈、不怕吃苦、全力以赴的精神，对自己狠一点儿。唯有如此我们才能练出坚强的意志力。”我总结道。

“好，我们宣誓表达决心。”于是，同学们写誓词，举手宣誓，科比协会就这样成立了。

（3）签名实验——新奇政策调潜力

学生对跑步有了兴趣仅仅是良好的开始，更关键的是后续的行动。

我说：“同学们，据说跑步和人生是相通的。不信，我们来做一个实验。每次大家跑完步后，前十名的男生和女生分别在黑板上写上自己的名字。然后，我们观察大家期中考试的成绩，看你的跑步排名与期中考试成绩是否有关联。”

“老师，是不是真的哟？”有的同学有些疑惑。

“当然是真的，我们每天都记录考勤。”

果不其然，规则一出台，学生的潜能被激发，跑步的热情空前高涨，大家争先恐后，享受把自己的名字书写在黑板上的自豪。每天早上，大家都拼尽全力跑步，力争前十。即使累得气喘吁吁，也喜滋滋地拿着粉笔，挥动双臂，一气呵成，把自己的名字书写在黑板上，再意犹未尽地欣赏自己的“杰作”，最后才恋恋不舍地走下讲台。一周后，我们统计学生的总排名，评选“毅力能手”。

有时，有的同学来晚了一点儿，看见前十签名已经被写满，有些失落地说：“明天早上，我要早点儿来，争夺前十签名。”当然，如果有同学迟到或者没有来跑步，当天就为班级服务，做一天清洁。

这样，既有奖励，又有惩罚，全班同学跑步的积极性更高了。

（4）增值评价——辅助激励促坚持

除了制定规则外，更重要的还有精神鼓励——增值评价。

比如，我看见颖婷来了，就说：“呀，你来了，你看你最近坚持跑步，身材越来越好了。”“啊，真的？那我坚持！”

再转个身，我看见陈兵，他是个善于表现的孩子。我就开玩笑似的鼓励他说：“你只要坚持锻炼，就一定会吸引一大片女同学的注意。”引得全班同学哄堂大笑。

“但龙，如果你长期这样锻炼，就不容易生病了。”我对着瘦瘦的但龙说。

个子矮矮的宏飞来了，我就说：“你这样坚持锻炼，也会长得很高的。”

想减肥的伊莎来了，我打趣地说：“只要坚持锻炼，就能减肥。但是，注意千万不要反弹哟。”

过了一段时间，我再表扬：“哟，你好像变漂亮了。”“这段时间精神状态不错。”“你好像长高了。”……

增值评价就像充电器，增值评价给“科比协会”的成员以源源不断的动力，促进大家坚持不懈地跑步锻炼。

（5）形式变化——不断变化避懈怠

每个人都有喜新厌旧的心理，为了避免学生懈怠，我们不断地交叉变换各种不同的形式来运动。

比如，有时候我们练习瑜伽，由班上柔韧度最好的李诗序同学当教练，大家跟着她一起练习，从而获得平静安宁的精神状态。

再如，有时候我们跳绳，大家举行1分钟跳绳比赛，绳子在我们头上脚下一闪而过，上下翻飞，撞击着地面，发出悦耳的嗒嗒声，像一首欢乐的晨曲。

我们还跳楼梯，做俯卧撑，做高抬腿，练太极拳……

因为运动形式的持续变化，加上我们不放松、不懈怠地把运动坚持到底，所以大家的运动热情一直很饱满。

（6）享受运动——营造氛围炼毅力

当同学们克服了每天早起的困难后，晨起锻炼就变成了一种享受。

后来，同学们享受运动的氛围居然感染了我。每天早上，我一醒来就立马翻身起床，穿衣洗漱，然后到操场跑步。

我想我要给同学们树立榜样，于是就提前来到操场——给他们一个惊喜，跑在他们的前面。可我刚从宿舍冲出来，就看到同学们一个个飞一般地往操场上跑。我愣住了，拉住身边胖胖的心雨说："你怎么跑得那么快？！"心雨大声嚷道："老师，我这叫什么快呀！你不知道，好多同学都是起床铃还没响，就已经整装待发了，一条腿已经做出了弓步的姿势——随时准备向前冲呢！"

"哦哦哦！"我恍然大悟。等我来到操场上，果然发现同学们已经跑出了一条长长的蛇形，大家都在奋力地向前奔跑。

我想我这个老师可不能偷懒，让同学们笑话。于是，我迈开双腿，奋力向前。等我跑得气喘吁吁、上气不接下气时，发现同学们还在奋力奔跑。这是怎么回事？原来大家要跑回教室，争夺前十强……

当跑步变成我们的一种习惯，成为我们每天生活的一部分时，跑步既给我们带来健康，又给我们带来乐趣，我们的毅力也随之慢慢增强！

11 克服拖拉习惯

——从现在开始斩断拖延

最近，有些家长向我反映，说自己的孩子周末在家做事拖拉，作业总是拖延到星期天晚上才赶着做。如果长此以往，那么学生做事拖拉的习惯将会慢慢形成恶性循环，严重时甚至可能会影响他们今后的发展。可是如何帮助学生克服拖拉的习惯呢？

（1）测试——你的拖延症是什么程度

我和学生开诚布公地谈论这个问题："同学们，你感觉自己做事拖拉吗？"学生纷纷回应："哎呀，我就是很容易拖拉。"

我淡然一笑："其实小到3岁孩子，大到80岁老人，都可能会有一点儿拖延症。俗话说，'拖延不是病，拖起来要人命'。"学生怔怔地看着我。

"下面我们来测试一下自己的拖延症到什么程度了。请大家拿出笔和纸，测试一下。"我开始出题，学生迅速拿出笔和纸。

① 喜欢先做容易且不重要的事情，越重要的事情拖得越久。

是（1分）否（0分）

② 即使列了计划也无法执行。

是（1分）否（0分）

③ 即使平时上课期间能做完作业，也要拖到晚自习来做。

是（1分）否（0分）

④ 很难立刻开始做重要的事情，总要推迟到心情好的时候才做。

是（1分）否（0分）

⑤ 平时一遇到要做事，心里总想等会儿再做。

是（1分）否（0分）

⑥ 经常到要交作业的时候，才来赶做作业，最后草草交差。

是（1分）否（0分）

⑦ 在家做作业时，喜欢边做边玩，很容易受干扰。

是（1分）否（0分）

⑧ 周末休息两天，星期六无法完成作业，星期日才来赶做作业。

是（1分）否（0分）

⑨ 即使是重要的事情，不管别人怎么催，也不会立即行动起来。

是（1分）否（0分）

⑩ 周末的空闲时间，总是被电脑或手机占据。

是（1分）否（0分）

⑪ 团队合作的时候，总是最后一个完成任务。

是（1分）否（0分）

⑫ 总是需要很久才能做好准备。

是（1分）否（0分）

接着我说："1～3分的同学请举手。"班上只有少部分学生举手。

"4～7分的同学请举手。"班上的大部分学生举手了。

"8～12分的同学请举手。"班上剩下的少部分学生举手。

我微微一笑，不紧不慢地说："1～3分是轻度拖延。这部分同学需要提高警惕，迅速找到自己拖延的原因，把自己的拖延症扼杀在萌芽状态。"我停顿了一下，接着说，"4～7分是中度拖延。这部分同学的拖延症已经成为习惯，有点影响你们的学习了，此时斩断拖延需要花费一点儿时间，也需要你们拥有一定的耐力。8～12分那可是重度拖延。这部分同学的拖延症已经比较严重，深度影响你们的学习和生活了，此时你们只有重新审视自我，才有可能斩断拖延。”学生哗然，议论纷纷。

（2）辨析——你是哪种类型的拖延

我先和学生谈论拖延的危害：“同学们，如果我们一直这样拖延下去，会有很多危害。一是自我怀疑。拖延会吞噬一个人的自信心，一个人越是不能按时完成任务，就越会自我贬低与怀疑，最后整个人的状态也会越来越差。二是萎靡不振。如果一个人的拖延越来越严重，那么他做事不仅会越来越没有效率，而且他也会越来越懒惰，精神也会越来越萎靡。三是无法实现自己的理想。如果你有拖延症，你说你的理想能实现吗？四是变得自私。一个自私的人是不受欢迎的。五是情绪失常。如果一个人做事效率低下，那么他不仅不高兴，而且还容易焦虑烦躁。”我慢慢地和学生交流着。

“老师，我都有些担心自己了。”润琴表达了自己此刻的心情。

“担心是没有用的，关键是要改变。改变之前，我们还要学会辨析自己是哪种类型的拖延。”我微笑着说，“第一种，懒惰型。99% 有拖延症的人都是因为懒惰、贪图安逸而拖延。第二种，畏难型。这种拖延症的人害怕失败，有畏难情绪，总觉得自己不会，怕自己完成得不好，这是因自卑心理严重导致的不敢做而拖延。第三种，追求完美型。这种拖延症的人总觉得自己准备得不够充分，想准备充分后再开始行动，结果却拖延下去了。”学生默默地听着。

“大家辨析出自己的拖延类型后，重点是对症下药。”我进一步分析，“比如因懒惰而造成的拖延，说明你在学习上缺乏积极性，每次都是被迫完成任务，上课经常分心。你总是习惯做语言上的巨人，行动中的矮子。做事无法坚持，只有 3 分钟热情。生活没有规律，总是晚睡晚起。如果你是这种类型，就需要自己对自己狠一点儿。”我故意提高“对自己狠”的音量，有的学生不好意思地低下头。

“第二种类型是因为害怕失败、迟迟不行动而造成的拖延。比如期末复习时，有些同学压力过大，既觉得自己能力不足，又觉得设定的目标太高，所以为了逃避失败而拖延。这种类型的同学需要转变心态，因为你拖延或者不拖延，问题都在那里，所以勇敢地接受现实并积极地解决问题吧。”学生连连点头。

“完美主义导致的拖延主要有三个表现：总是想努力让所有人都满意；总是要等到万事俱备才开始行动；越重要的事情越喜欢往后拖，总感觉自己准备得不充分。这种类型的同学需要改变观念，相信完成比完美更重要。”学生聚精会神地听着。

（3）突破——从远离懒惰开始

学生知晓自己的拖延类型仅仅是斩断拖延的第一步，接下来他们还需要找到改变的突破口。我悄悄调查过，班上有一部分学生的懒惰会互相传染。为了弘扬正能量，我从这些学生入手寻找突破口。

我说：“同学们，其实 99% 的拖延都是因为懒惰而拖延，不管是畏难的同学也好，还是完美主义者也罢，他们的拖延在很大程度上也是因为懒惰。”

“老师，我感觉这样的同学影响了我。”有个学生举手发言。我马上进行引导：“同学们，面对这样的情况，我们应该怎么办呢？”

“不去关注那些偷懒的人。当我们花时间去关注偷懒的同学时，自己就不能专心学习了。如果你周围有同学聊天、吵闹、打瞌睡，那么你就要学会自觉自动地屏蔽他们，不然他们不仅会扰乱你内心的宁静，还会让你也变得浮躁起来。”听到这里，很多学生坐直了身子。

“不为懒人的行为生气。一个班级总是有几个懒惰的同学，如果你因为他的行为而生气，那么就会影响自己的心情。有的同学经常说：‘老师，你看某某又不做作业。’我们可不可以换个关注点：‘老师，你看某某的作业做得多好！’”一些学生会心地笑了。

“不被懒人的言行诱惑。懒惰的人做事经常分神。你看我们班有几个同学总是喜欢借口上厕所而去小卖部，他们在不经意间就把时间浪费了。如果他们下次再拉着你一起去，你一定要坚决抵制这种诱惑。”这是我针对班上经常影响别人的少数同学说的。

“不要让懒人妨碍你成功。懒人无法成功，因为他始终完不成任务。大家都知道，懒惰是阻碍一个人成功的罪魁祸首。我们千万不要向懒人学习，因为他会妨碍我们成功。”部分学生听完我的话后赞同地点点头。

“不能让懒人影响团队。我们要坚决阻止懒人影响团队的行为。如果他要影响其他同学，我们就要一起坚决抵制。”一些学生歪着头，仔细听我分析。

“当然，如果我们不想被懒人影响，那么最好的办法就是改变自己的观念，做到不偷懒、不取巧、不拖延、不抱怨。多做实事，少说废话。让自己处于忙碌中，因为努力学习的人是幸福的。只要能远离懒惰，我们就找到了斩断拖延的突破口。”学生若有所思地听着。

（4）深入——多管齐下斩断拖延

斩断拖延不是一蹴而就的事情。于是，我和学生商定，用以下方法多管齐下斩断拖延：

斩断拖延新行动——“PDCA 循环法”。我们决定用“PDCA 循环法”进行科学化行动。无论做什么事情，都要经历四个步骤：P 是计划（plan），必须按照计划做事情；D 是执行（do），执行中要时刻提醒自己坚持住；C 是检查（check），自我检查和同伴监督相结合，这样便于发现问题；A 是处理（action），继续改进完善这几个步骤。

斩断拖延的思维——不找借口找方法。大家遇到任何问题都不要找借口。当找借口成为习惯，借口就会像毒液一样腐蚀我们的人生。生活的赢家从来不找借口，而是去寻找解决的方法。

提升做事专注力——聚焦全部力量。我们要努力专注于完成当前的阶段性目标，每次集中精力只做一件事情，并争取一次性把事情做好。

立即行动不犹豫——1分钟行动法。我们做任何事情都不能犹豫，不要给自己犹豫的借口和时间。1分钟内赶快行动，真正的成功从立即行动开始。

提前行动定期限——学会骗一骗自己。做事情之前可以把截止时间提前。比如，本来有一周时间，然后骗自己只有四天。也就是说，明天的事情今天做，今天的事情提前做。

提升自身使命感——这是自己的事情。大家要明白，学习是自己的事情，不是别人的事情。我们要提升为自己负责的使命感和责任感。

增强自身意志力——严格自我惩罚。当自己想要拖延的时候，要增强自己的意志力。我们要时刻严格要求自己，如果不能完成任务就进行自我惩罚。

和大家商定结束，我意味深长地说："同学们，斩断拖延的过程很艰难，需要有敢于克服的决策力，立即行动的执行力，勇于坚持的意志力。如果我们敢于迈出改变的步伐，就行走在通往成功的道路上了。斩断拖延从现在开始！大家有没有信心？"

"有！"同学们斩钉截铁地大声回答。

12 学会管理时间

——教会学生提高学习效率

期中考试即将来临，此时学生既要学习新课，又要复习旧知识。于是，有的学生开始疲于奔命，但是因为他们不懂得合理安排时间，反而导致学习效率超低。因此我们需要教会学生管理时间，提高学习效率。

（1）撕纸游戏——珍惜拥有的时间

为了让学生有时间紧迫感，我和他们一起玩了一个撕纸游戏。我提前要求学生准备好一张 A4 纸。

“同学们，我们这个学期一共有多少周？”我问道。

“老师，应该是 19 周。”学生回答。

“那现在我们把自己手中的纸折成 19 份。”我布置着。

“老师，19 份怎么折呀？”学生有些为难。

我抿着嘴笑了：“同学们，只要想办法，总能折出 19 份来的。智慧就像海绵里的水，挤一挤总会有的。”

等学生都折好后，我说：“同学们，我们把已经逝去的时间撕去吧。”学生撕得轻轻松松。

“啊，时间只有一半了！”有的学生感慨着。

“现在我们再把剩下的十周里放假的时间撕去。”我继续说。

“周末两天加上元旦假期，一共要撕去三周，三份呢。”快言快语的天琪说。这一次，很多学生的脸上流露出心疼的神色。

“现在大家再把自己睡觉的时间撕去。”我继续说。有的学生有些不忍，但还是忍痛割爱般的撕去了。

“同学们，现在请举起你手中剩下的纸，这就是这学期我们在学校学习的时间。”有的同学怯怯地举起，有的同学不敢举起，大家脸上流露出沮丧的神色。

我趁热打铁地问：“同学们，你们现在有什么想法？”

“看来，我需要珍惜在学校学习的时间了。”

“哎，不撕不知道，一撕吓一跳。”“笑星”文于波摇头晃脑地说着。

“是呀！逝者如斯夫，不舍昼夜。时间不等人哪！既然学习时间如此有限，那么我们就要学会管理时间，分清事情的主次，只有这样才能更好地提高学习效率呀。”我总结着。

（2）1分钟活动——管好时间就能“飞”

让学生明白时间宝贵只是基础，我们还需要教他们学会管理时间，从而提高效率。

我对学生说：“同学们，我们来开展一个1分钟活动。请一、三、五排的同学转身，听二、四、六排的同学背诗，看对方1分钟能背多少首诗。计时开始！”一声令下，全班同学热火朝天地背诵起来。

“三首。”“四首。”

“哇，我1分钟居然背了八首。”有的同学惊讶得张大嘴巴。

“下面再请二、四、六排的同学听一、三、五排的同学背诗。”背诗的同学热情投入，计数的同学一丝不苟地举起手指仔细数着。

“天哪！老师老师，罗一1分钟背了12首诗。”王红情不自禁地赞叹道。

我微笑着示意王红，然后轻轻地说：“背诵超过三首的同学请举手。”同学们哗啦啦地举起了手。

“平时我们1分钟能背多少首诗呢？是不是背一首诗都需要很长时间？”我故作严肃地说道。有的同学低下了头。

“接下来，我们和自己比，看我们1分钟能写多少个字。我们就默写《论语》，如何？”

“好嘞！”学生欢呼。

“开始！”教室里安静得只能听到书写的沙沙声。

1分钟后，学生开始认真地数自己默写出的字数。

我开始统计：“你们默写出了多少字？”

“34个。”瑞琴说。“53个。”秦瑞回答着。“56个。”颢铭说。

“请默写超过50个字的同学举手。”我问学生。又是举手一大片。

“同学们，你们看，其实每天摘抄100个字，只需要两分钟时间，但是我们却需要多长时间？”学生又是沉默。

“下面请同学们再挑战1分钟交作业。”我继续说着。全班沸腾，大家积极快速地交作业，不一会儿作业就交完了。

我微笑着说：“同学们，看来，很多事情不是我们做不到，而是我们没有集中精力去做呀！”

“1分钟能做什么？1分钟可以跑步200米，1分钟可以阅读一篇三四百字的文章，1分钟可以做20个仰卧起坐……。大家早晨起床，可以用1分钟穿衣服，1分钟叠被子，1分钟刷牙，1分钟洗脸。看，总共才四分钟，我们就可以做完以前十分钟才能完成的事情。”我继续引导着。

“尽管1分钟很短，只有60秒，但我们的生命就是由无数个1分钟组成的。如果我们珍惜每个1分钟，并且学会化零为整，那么用好许多个1分钟就能干出很多事情。所以，同学们，别再抱怨自己背不了多少诗，写不了多少作业，看不了多少书。其实，那都是因为我们的精力不够集中。当我们集中精力的时候，我们是能完成很多事情的。所以我们需要学会管理时间。”学生不住地点头。

（3）争分夺秒——零碎时间有价值

接着，我开始和学生一起计算我们的零碎时间。

“同学们，如果以分钟计算，我们一天有多少分钟？”

“60×24=1440 分钟。”学生开始嚷嚷。

“哇，只有这么一丁点儿时间哪！”有的同学张大了嘴巴。

“我们总是觉得没有时间，下面我们一起来算算自己的零碎时间。”

“我们每堂课课间有多长时间？”“10 分钟。”

“我们一天有几堂课？”“8 堂课。”

“这 8 堂课中间有多少次 10 分钟的课间休息？”我追问着。

“老师，我们大课间还有 30 分钟的自由时间。”有的同学若有所悟。

“老师，我们中午和下午的课间有 20 分钟。”

“哇，这样我们总共可以多出两个多小时的时间哪！”有个同学恍然大悟。

“同学们，再加上我们午自习、晚自习的时间，大家是不是发现自己的零碎时间还是蛮多的呀。”

“我居然白白浪费了那么多的零碎时间。”有的同学开始捶胸顿足。

“所以，只要我们善于利用自己的零碎时间，就能做很多事情。当然，前提是我们要有目标、有目的，只有这样才能合理利用零碎时间。”

（4）阶段策略法——黄金时间讲法则

接着，我开始教学生学会利用每个时间段的策略。要想抓住时间，就需要明白每个时间段该做什么。

我说：“同学们，我们先对自己的时间做一下阶段分类——既有课堂时间、自习课，也有课间 10 分钟、放学后的时间，还有周末、节假日。”学生不住地点头。

“我们再根据这些阶段时间的时长进行分类。”我出示着 PPT：

较短的时间——课间 10 分钟

不长不短的时间——课堂时间、自习课和放学后的时间

较长的时间——周末、节假日

“那么，我们该如何利用这些时间段呢？”我继续引导学生。

较短的时间——课间10分钟

①向教师请教一个问题。

②和同学讨论一道习题。

③做一些简单的作业。

④背一背英语单词。

⑤上洗手间。

⑥准备下一堂课的学习用具。

不长不短的时间——课堂时间

①心理暗示：相信自己能集中精力。

②课堂姿态：眼睛尽量看着教师，并跟着教师转移目光。

③树立目标：为自己的目标努力。

④听课内容：认真听教师的讲解和同学的发言。

⑤思考内容：猜一猜同学会说什么，并对同学的观点进行归纳，思考他说的有没有道理。

⑥听课表现：与教师互动，多回答教师的问题。

不长不短的时间——自习课和放学后的时间

①预留好复习时间：一定要复习教师讲的内容。

②完成好家庭作业：限制完成家庭作业的时间。

③安排好预习时间：记得留点儿时间预习新课。

④留一些阅读时间：给自己一些自由阅读的时间。

⑤预算好机动时间：给自己一些自由安排的机动时间。

较长的时间——周末、节假日

①规律方面：不要破坏学习、饮食、睡眠三方面的作息规律。

②周末总结：把一周的知识点串起来，并进行梳理复习。

③科学上网：增强自我约束力，不玩色情、暴力网络游戏。

④体育锻炼：增强体质，周末也别忘记锻炼身体。

（5）时间安排法——好手账就是好剧本

当然，要落实日常的计划需要安排好时间，利用好手账是排练好人生剧本的一个方法。手账的特点并非记录的方式，而是思考的方式。所以，在做时间安排的时候，我要先给学生讲清楚几个原则。

分清轻重缓急。一是重要且紧急的事情，认真做。比如准备考试，完成作业。二是重要但不紧急的事情，保质保量做。比如锻炼身体，阅读。三是紧急但不重要的事情，提前做。比如做家务。四是不重要不紧急的事情，克制着做。比如上网，打游戏。

做一个时间计划表。规划自己完成所有的事情需要的时间，做规划的时候注意要多预留一点儿时间。

当一个时间分析师。写一份时间分析日记，记录自己每天什么时候做事效率最高，每天固定浪费的时间有多长，在哪些事上浪费时间最多。

刷一刷时间清除刷。列出自己该清除哪些时间，该保留哪些时间，大胆放弃一些不必要的事情，学会断舍离。

讲完时间安排的原则，我把时间安排表出示给学生：

时间安排表

时间：　　　　　　　　　　　　　　安排人：

事项	时间预算	时间分析	一天得失	改进方略
重要且紧急				
重要但不紧急				
紧急但不重要				
不重要不紧急				

（6）学会事半功倍——分享时间金点子

除了常规的时间管理，学生也分享了自己管理时间的金点子：

① 清理好课桌，保持好心情。
② 时刻提醒自己改掉拖拉、磨蹭的坏习惯。
③ 如果在规定时间内能完成任务，就奖励自己。
④ 建立自信心，任何事情都争取一次性做好。
⑤ 打草稿也要有认真、仔细的态度。
⑥ 当天的任务一定要当天完成。
⑦ 用 80% 的精力做 20% 的事情。
⑧ 记录当天要做的事情。
⑨ 遇到事情立即行动。
⑩ 找一个监督人给自己压力。

（7）贴自制日历——时刻关注须警醒

最后，我告诉学生，能够时刻关注时间的最好办法，就是自己给自己做一张个性日历。

我要求学生："大家先把这个学期剩下的时间罗列在纸上，再把每天需要做的重要事情也都列在旁边，然后把自制日历贴在自己的课桌上，保证自己每天都能看到，并时刻提醒自己。"

这样长期坚持下来，学生的精力更加集中，行动上的拖拉现象也慢慢减少了，最终大家的学习效率有了很大的提高。

13 修炼静生活

——静心是人生的高级境界

作为班主任，我非常头疼的一件事情就是班级的学生无法沉静下来。学生做作业心浮气躁，学习效率低下等，都是他们无法静心的结果。一个人的心如果无法沉静下来，那么无论他做什么事情都难以成功。如何让学生学会静心，让班级多一份宁静？那需要从根本上进行解决，即修炼静生活。

（1）静之熏陶——静心警句大擂台

我先从各种经典书籍中找到关于“静”的句子，和学生分享，让这些文字慢慢地浸润他们的心灵。我用 PPT 出示了关于“静”的名言：

非淡泊无以明志，非宁静无以致远。（诸葛亮）

致虚极，守静笃。（《道德经》）

知止而后有定，定而后能静，静而后能安，安而后能虑，虑而后能得。（《大学》）

我说：“同学们，静，不是简单地闭上眼睛，一动不动地呆坐；静，是强迫自己静下心来，正视一些平时因种种理由被搁置、被回避的问题，然后主动去解决它。所以静心是一种境界、一种气度、一种修养、一种能力。一个人做任何事情都需要静得下心，沉得住气，如此方能成功。‘静心’对每个人来说，都非常重要。请同学们搜集一些关于‘静心’的名言警句，一起来背一背。”

学生利用周末、课余时间搜集关于“静心”的名言警句。搜集名言警句的过程就是对学生进行潜移默化的熏陶浸润。周一的班会课上，我们举行了“静心警句大擂台”比赛。比赛规则是以小组为单位，每个同学说一句静心警句，然后下一个同学接龙。如果某个组有说不出来的同学，那么其他组的同学会倒数“5、4、3、2、1”；如果倒计时结束，该组同学仍然没有说出来，那么本组就宣告失败。

擂台赛的输赢是其次，关键是在“静心”名言警句的背诵中，学生慢慢转变了观念，坚定了信念。

（2）静之好处——静心变美小故事

“静心”名言警句的熏陶仅仅是修炼静生活的基础，更重要的是要让学生懂得静心的作用。既然青春期的学生爱美，那么我就以“静心变美”作为突破口吧。于是，我搜集了一组宋庆龄不同年龄阶段的照片。

又一堂班会课上，我先出示了一张宋庆龄看书的照片，同时问道：“同学们，这张照片给你什么感觉？”

“漂亮。”“高贵。”同学们抢着答道。

“这张照片被誉为宋庆龄最美丽的照片之一，广为流传。它原本是黑白照片。照片的右下角还打有外国照相馆的钢印，一直悬挂在上海孙中山先生的故居内。”我简单介绍了这张照片，随即转入正题，“大家了解宋庆龄吗？”

“老师，历史书上讲了宋庆龄的。”学生点点头说。

“宋庆龄是一位杰出的女性，她不仅品格完美、独特，而且还是一位大美人哟。”我继续介绍着。

接着我出示了宋庆龄不同年龄阶段的照片：“同学们，这是60多岁的宋庆龄哟。一般我们身边60多岁的人是什么样子？”

“中国老大妈。”有个学生抢着嚷道，引得全班同学哄堂大笑。

"虽然宋庆龄有点儿发福，可是她的气质仍然娴雅又柔弱。再仔细看，你会感觉到，这种气质不仅是一种内在的平静，而且蕴含着一种内在的力量。"我平静地说道。

"自信。""有内涵。"学生也在思考着。

我接过话来："对，宋庆龄的容貌中始终有一种恬淡安然的神态。所以，宁静让人自信，宁静让人有内涵，宁静让宋庆龄经历漫长岁月而不衰老——年轻时是美人，年老时依然是美人。这种美成了一种美的典范，一种经典的自然美。女同学们，你希望自己像宋庆龄一样，一辈子保持美丽吗？"

"那当然想。"女同学毫不犹豫地说。

"那我们来看看宋庆龄的美容秘诀是什么。宋庆龄的一位好朋友问宋庆龄：'您最大的美容秘诀是什么？'她告诉朋友：'不为外面的花花世界迷惑，心平气和地面对一切，这样才会有美好的内心世界，这样才会更加美丽。'"我顿了顿，然后在黑板上写下"宁静"两个字。

"宋庆龄保持美丽的秘诀就是始终保持一种内在的平静感。她的美，既不喧宾夺主，也不张扬跋扈。她的美，如清澈深潭的碧波微漾，初看时静然自若，然而内力深厚，隐而不露，蕴含一种持久的来自内心的力量。这种平静感胜过一切化妆品，它给容貌增添的不仅仅是美丽，更多的是自信、底气、涵养。"学生听得入神。

（3）静口修炼——一天零废话挑战

俗话说，"只要管好自己的舌头，就能管好自己的生活"。静心要先静口。于是，我们班一起挑战了"一天零废话"活动。活动规则是：上课不说废话，下课不说废话；如果需要交流，就用手语或文字交流。我们以小组监督的方式开展活动。

第二天一大早，班级晨练的时候，我发现同学们都不说话了。我询问原因，同学们用笔写着："老师，你昨天不是说今天要挑战'一天零废话’吗？”我这才恍然大悟，吐吐舌头，然后立刻闭上嘴巴。

第一节课下课，挑战成功。第二节课下课，也挑战成功。可是第三节课体育课刚结束，艺丹就神色颓然，叹着气说：“老师，今天体育课自由活动的时候，大家都在说话，我们挑战失败了。”

我摆着手，笑了笑说：“同学们，‘一天零废话’不代表不说话。口才好的人并不一定是话说得多的人，真正口才好的人不仅知道什么时候可以开口讲话，而且能够讲得适时，讲得适机，讲得适地，更能讲得适人。”听我这样一说，学生使劲点头。

下午，春雷在门外大声说话。我走上前，伸出食指放在嘴边，做出“嘘”的暗示状。春雷不好意思地缩了缩脖子。

为了帮助学生坚持下去，我在黑板上写下：“真正的静心训练是对自我的要求。哪怕是两个朋友想讲私话，也要有意识地挑战自己不说话。”学生互相看看，抿着嘴，摸摸鼻子，点点头。大家继续进行着“一天零废话”挑战。

放学时，我问道：“同学们，今天的‘一天零废话’挑战，你成功了吗？”有的垂头丧气，有的面有难色，有的摆摆手，有的摇摇头。

“不成功也没有关系，静口修炼不是完全不说话，我们可以先降低要求，再逐步提升。首先从尽量少说废话开始，然后规定自己每天说多少话，甚至可以从语气暖一点儿、语速慢一点儿、语调低一点儿上要求自己。当你跟别人说话时，即使对方看不到你，也要让对方感受到你声音的魅力。这就是静口修炼，也是静心训练。”我继续引导学生。

后来，我们把“一天零废话”挑战变成“每周一天零废话”挑战，鼓励学生循序渐进地达到静口的目标。

（4）静听、静视修炼——倾听心灵的声音

除了静口修炼，我们还进行了静听、静视修炼。每个活动每天持续5分钟，修炼周期是两周。我们先进行两周静听训练后，再递增两周的静

视训练。

我向学生提出要求："同学们，请把你的耳朵捂住，安静地待5分钟，感受一下自己内心的变化。预备，开始！"

学生都捂住耳朵，教室里安静得只有咳嗽声。5分钟后，我问："同学们，你们有什么感觉？"

"当我捂住耳朵时，我感觉自己与世隔绝了，我似乎能听到自己微弱的心跳声。当我放开手的那一瞬间，我感觉到，原来这就是生命的声音。"福润说道。

"我感觉我的整个身体和心灵都慢慢地放松下来了，我还感到有一丝惬意，直到最后1分钟的时候，我知道我已经完全静下来了。"

"老师，我听到了风的声音，感觉有狂风在吹。"

"当外界声音消失时，你听到的是一片寂静，你进入了无声的世界。把耳朵捂住，可以达到这样的效果。通过这种途径，很快你就能感受到内心的寂静。这种寂静使你找到自己，然后你就会走进一个真正没有任何干扰的、宁静的世界。"我总结道。

两周后，我们加大了难度——除了静听训练，还增加了静视训练。静视训练的内容是看表1分钟。大家要目不转睛地看着钟表的秒针，持续1分钟。当秒针转满1分钟的时候，大声说出"到"，谁反应最快，谁就成功。

刚开始训练时，有的同学眼神在闪烁，有的同学眼珠在骨碌碌地转动，还有的同学在窃窃私语。但是，随着训练次数的增加，渐渐地，教室里只听到钟表的滴答声，同学们的注意力越来越集中。

可见我们只有真正静下来才能集中精力，才能看清楚平时看不清楚的事情，听清楚平时听不清楚的声音，这就是安静的魔力，也是静心的魅力！

（5）静坐修炼——让身心沉静下来

进行了静听、静视修炼后，我们开始进行静坐修炼。俗话说，“静坐能澄心”。静坐既能提高人的自控力，还可以使人的情绪平和。于是，我们开始进行每天 5 分钟的静坐修炼。

静坐动作要到位。从小学到初中，学生静坐的行为做到位了吗？于是，我先对学生讲解静坐的动作要求。

我说：“同学们，静坐有很多讲究。一般首先是要打坐，但是由于教室里条件不允许，所以我们就双脚分开，与肩膀同宽。然后，双手做出结定印的手势叠在一起置于腹前，右手在上，左手在下。”学生一边听，一边跟着做。

“头要正，脖颈要竖立，后脑微收正，头不要往上抬。”学生不断地调整着自己头部的位置。

“口要微微闭着，牙齿微微叩着，面带微笑，舌头抵上颚，眼睛平视前方并凝视一点，不可移动。戴眼镜的同学最好取下眼镜。两耳不听外声，就可内听心声。”学生边听边调整。

“背要直，两肩平，缓缓呼吸，气息绵绵。”学生集中注意力调整着自己的背部和呼吸。

“当然，同学们，刚刚只是外部动作要求。静坐的关键是内在，静坐还需要注意三个要领。”学生静静地听着。

“第一个要领是守窍，大家要统一精神，集中意念，专注于自己的内心。”教室里瞬间变得异常安静。

“第二个要领是屏息。初级功是 1 分钟呼吸四到五次，中级功是 1 分钟呼吸一次，而高级功是四五分钟调整一次呼吸，不过大家千万不能强行闭气。”顿时，教室里一片哗然。

“要不，我们试一试，1 分钟呼吸四到五次。”学生开始试做。一分钟结束，我说：“做到 1 分钟呼吸四到五次的同学请举手。”全班只有宜鑫一人做到。

我微微一笑，说道："没有关系，我们慢慢试着调整自己的呼吸。1分钟呼吸四到五次，看起来容易，实际有点困难。那么怎么办呢？这就是我们的第三个要领——炼心。我们要在自己心里数数，从一数到十，中间不错不乱，没有妄想杂念，慢慢地调整，不要着急。"

"好，根据我刚才的讲解，我们一起来练习5分钟。"大家开始调整身体和呼吸，静坐修炼拉开帷幕。当然，每天的坚持很重要。

（6）静闲修炼——提升生活品位

静心还包括静闲修炼，要提升学生饮食、睡眠、休闲的生活品位。

"同学们，据说饮食对一个人的性格有很大影响。你是否对自己动不动就大发雷霆的性格很不满意？或者你是否感觉无法控制自己的情绪？那么，我们可以试着改变自己的饮食结构，说不定你的性格会因此有所改变。因为，食物对一个人的情绪是有影响的。"

"老师，我明白了。重庆人性格暴躁，是不是就是因为他们喜欢吃辣椒？"一个学生大声嚷起来。

"这应该算得上是其中一个原因吧。"我微笑着回答。

"我们可以通过调整自己的饮食结构，让自己的内心越来越平静。当我们感觉压抑时，首选食品是菠菜；如果我们感觉大脑迟钝，那么首选食品是鸡蛋；如果我们感觉异常愤怒，那么首选食品是瓜子；如果我们感觉内心委屈、情绪低沉，那么首选食品是香蕉；如果我们感觉焦虑，那么首选食品是燕麦。当然，除了调整饮食结构，我们还要注意休息，提高睡眠质量，睡得安详的人的内心会更加宁静。"我说道。

"老师，我有时候就是很久也睡不着。""我有时候还会做噩梦。"

"快速入睡很重要，拥有高质量的睡眠也很重要。"接着我出示了"快速入睡小妙招"：

①等到真正疲倦时再上床睡觉。

②睡眠环境要干净整洁。

③睡前洗个热水澡。

④睡前用热水泡脚。

⑤睡前喝一杯温牛奶。

⑥睡前一小时远离电视、手机、电脑等电子设备。

⑦睡前听节奏缓慢的催眠曲。

⑧睡前看一些休闲娱乐类的书。

⑨睡前清空所有的忧虑。

⑩睡前忌饮用茶、咖啡等具有提神功能的饮料。

接着，我继续和学生交流休闲的方式。

我问学生："周末，大家的休闲方式是什么？"

"打游戏。""玩手机。""睡懒觉。"学生抢着说。

我笑着不做评价，只轻轻地说："同学们，中国人休闲讲究体静心闲、宁静致远。健康高雅的休闲方式，不仅能让我们的内心更加宁静，而且能提升我们休闲生活的品位。休闲应该是品味一种优雅，一种从容，一种时尚，一种文化，一种文明。有品位的休闲方式，能净化我们的心灵世界，丰富我们的精神生活；浮华浅薄的休闲方式，会扰乱我们的内心。所以，休闲方式既影响着我们心灵的健康，又影响着我们生活的质量。"我顿了顿，"休闲是为了让我们积蓄新的奋斗力量，更好地投入新的学习，而不是适得其反。有的同学周末通宵达旦打游戏，周一在课堂上打瞌睡，这种休闲方式已经严重影响到他们的正常学习了。"我说到这里，有的同学低下头，不敢看我。

"愿大家都能学会健康休闲、绿色休闲、高雅休闲。比如看书、钓鱼、运动、练书法，或者开展其他的能陶冶性情、愉悦身心的活动。"

因为有了正确休闲方式的引导，学生的休闲方式也慢慢发生了改变。周一，我再统计大家周末的休闲方式时，情况就和以前不一样了。俞博说："我和爸爸去爬缙云山了。"苏林说："我去中央公园散步了。"诗颖说：“我去打羽毛球了。”……

（7）静心修炼——不受外界干扰

真正的静心主要靠自己调节内心。

我告诉学生：“什么是静心？静心既不是把自己关在封闭的空间里，也不是不说话，更不是一时安静，而是摒除内心杂念，真正做到不受外界干扰，用心一也。真正能够让我们心灵宁静的是我们自己，我们自己才是自己的主人。”

我继续引导学生：“静心需要走过三个阶段。第一个阶段，孤独无依，希望渺茫。第二个阶段，尝尽艰辛，不见曙光。第三个阶段，渐入佳境，屡有收获。唯有走过这几个阶段，我们才能真正进入静心的境界。”学生信服地看着我，若有所思地想着什么。

“静心也有三个层次。第一个层次，认识并接纳自己心智不完美的地方。第二个层次，完善心智，摆脱外界的牵引和干扰。第三个层次，开启智慧，升华境界。总之，我们要想尽一切办法，屏蔽一切干扰，换回一份宁静、一份纯粹。先踏踏实实地做好自己分内的事情，这时静心才刚刚开始。当你能做到随时静，随地静，随事静，动中能静，静中能静，有事能静，无事能静时，静心才算真正开始。”学生仿佛懂得了静心的内涵。

真正的静心需要每天慢慢修炼。只有随时提醒自己、暗示自己，方能养成静心的习惯！

1 2 3

4 5 6

7

第四章

趣味班级活动：

活动给教育晴朗天空

14 运动会开幕式

——超越时空的美感体验

运动会是学生校园生活的盛典。活动丰富的运动会不仅能调动学生的学习热情，而且还将是他们学生时代的美好记忆。因此，我们班级抓住运动会开幕式的机会，组织了一场穿越古今的“三国典礼”表演，惊艳了全场。这个创意是这样出台的——

（1）创建智囊团——没有什么想不到

学校要求每个班级在运动会开幕式上表演一个节目。于是，我马上在班上招募设计师。“同学们，在这次运动会开幕式上，我们班将有一个开场节目，哪些同学愿意担任我们的活动设计师？”

“我！”鑫瑶举起了手。

“我！”子涵主动报名。

任命了班级总设计师后，班级总设计师又去招募“开幕式智囊团”。他们在班上发布“招贤令”，经过一系列招募程序后，“开幕式智囊团”正式成立。

“开幕式智囊团”先召开初步会议，商量方案，然后在班级里群策群力，调动集体的力量。

子涵在班上提议：“同学们，我们要提前定好服装，赞同扮演各种动物角色的同学请举手！”

“动物造型啊，那个要花很多钱！”有的同学嚷嚷着。

“这样算下来要花很大一笔费用呢！”同学们七嘴八舌地议论开来。

“那同意穿古装的同学请举手。”鑫瑶提议道。唰唰唰举手的同学一大片。

“我们是去买衣服，还是去租衣服呢？”又一个同学提出新的问题。

“买衣服太贵，干脆去租。”“去哪儿租？”“网上！”

服装有了着落后，接着是节目剧情的编排。

“干脆我们就排练一个古装电视连续剧剧目。”这条建议得到全班同学的一致赞成。

“拍武侠片！”一个男生站起来说。

“嗯，不好不好，武侠片没有内涵。”众女生摇头反对。

“那我们演《三国演义》吧。”一个女生提议，“最好表演一个小的片段，不要太长。”

“我们对《赤壁之战》比较熟悉。”

“好，成交，就演《赤壁之战》。”总设计师拍板，全班同学欢呼雀跃。

（2）部门策划书——创意越来越精彩

总设计师公布了活动总体方案——开幕式策划书。

开幕式策划书

①主题：《三国演义》之《赤壁之战》。

②策划人：彭鑫瑶。

③活动目的：为了帮助大家更好地了解中国历史和三国背景，节目将传统文化与现代语言艺术联系起来，不仅给观众留下深刻印象，而且展现我班的特色。

④具体分工：

服装设计组——邓雨子涵负责。

道具自制组——周庭宇负责。

剧目编排组——彭鑫瑶负责。

台词旁白组——张剑负责。

音乐准备组——李明瑶负责。

角色扮演组——全班同学 + 吴老师。

⑤准备事项：读完《三国演义》。

⑥演出前一周日程安排：

周一——自选角色，并自己设计人物形象，揣摩角色心理。

周二——讨论细节，并提出修改意见。

周三——看《三国演义》电视剧，了解角色神态、动作，完善剧本。

周四、周五——排练，领取服装，安排舞蹈位置。

周六——早上提前换好服装，听从指挥。

⑦质量要求：台风有范，走台整齐，角色到位，具有特色。

各个部门根据方案做好了相应的准备。因为整个策划过程都是同学们自己设计、自己做主，所以他们热情高涨，责任心和自信心也得到增强。

各个部门如火如荼地忙碌着，设计出来的部门方案也是各有特色。比如，服装设计组做出了服装经费、角色服装、价格定位、网店筛选等方面的安排；角色扮演组的学生自选角色后，还分析了角色的人物性格、人物形象，并用表格记录下来；道具自制组统筹设计了道具安排、材料选取、道具类型分配的方案；台词旁白组、剧目编排组通过查资料的方式，对剧本进行了反复打磨和修改。

（3）应急补救篇——胸有成竹怕什么

总设计师分配好表演任务后，突然发现，除了吴国太没有人演以外，所有的角色都有人认领。

同学们转身看向我，向我诡秘一笑，故意大声说：“老师，干脆你来演吴国太吧！”顿时，全班响起热烈的掌声……

“军令不可违呀！我这个老太婆就演一演吴国太吧！”我应和着同学们，戏谑地说。

角色敲定后，总设计师说：“同学们，我们如果不去了解历史故事和揣摩人物性格，表演就只是穿了一件鲜艳的衣服而已，有什么意思呢？”

这句话引起了大家的思考：我们的开幕式不仅仅要新奇好玩，还要把有意思变成有意义。为了使活动的意义深刻，大家一致决定，周末在家深度揣摩《三国演义》里面人物角色的性格。

接着，道具出现难题了：服装可以在网上租，可道具没办法租，怎么办？道具自制组的负责人周庭宇急中生智，马上进行分工：周鑫负责买圆扇；王孙艳和一部分女同学负责做士兵的帽子；周妈妈是裁缝，可以帮忙做军旗；小艺嘴巴甜，负责请书法老师写横幅；刘厚勇性格沉静，负责做善后处理。

同学们变得愈来愈细致严谨，几个同学甚至为了一面军旗上到底是写“黄”还是写“盖”争论了半天，于是大家回看电视连续剧，查名著印证。家长们也被孩子们的热情感染了，厚勇爸爸亲身示范，给儿子做头饰并缝制道具。

一个小小的运动会开幕式策划活动，不仅培养了同学们随机应变的能力，还调动了各方力量，形成了班级合力。

（4）预演排练篇——每个细节不放过

排练场上，同学们身着古代服装，好不热闹。设计师说：“这次的角色都是大家自愿领取的，大家也揣摩了各自角色的性格。接下来，我们就一边排练，一边思考怎么更加完善吧。”果然，同学们在排练时严谨细致、精益求精。每个同学都是投入且认真的。

剧本台词有点问题，有的同学马上提出：“这句话太严肃了，我们需要增加些笑点。”于是大家新编故事，新写台词。

人物形象与角色不相符，有的同学马上嚷嚷：“曹昆穿上古代服装后，不像曹操，倒像纨绔子弟，是不是可以考虑给曹昆换一个角色？”同学们一看，果然穿着古装的曹昆看起来有些别扭，于是设计师马上重新思考角色定位。

“关羽要学着捋胡子。”张剑妈妈站在旁边提议，一边说，一边示范。

同学们一起编排人物站位，探讨角色特点，包括人物的一颦一笑，手的姿态，道具拿放等。在一遍遍排练、一次次修改中，每个人物的性格都饱满而立体。

（5）惊艳登场戏——嗨翻全场不负责

运动会开幕式表演正式开始了，同学们摩拳擦掌，一致提出：“我们要达到嗨翻全场的效果！”出场前，大家铆足了劲儿，互相勉励着。

同学们上场后，整个运动场上的惊呼声、掌声不绝于耳。同学们一个个精神抖擞，大家举着旗子，拉着横幅，模仿着三国英雄们的样子气宇轩昂地走在运动场上，仿佛走在金戈铁马的古战场上。

小乔举着伞娇羞地走着；诸葛亮摇着羽毛扇，一副胸有成竹的样子；一群婢女碎步连连；士兵们拿着武器，斗志昂扬地向主席台走去。大家可是过足了瘾。

走到主席台前，同学们各就各位站好，开始演绎着自己的角色，所有步骤都有条不紊地推进着。观众被同学们的现代语言逗得哈哈大笑，整个场面热闹非凡。

看着同学们脸上洋溢的自信，我知道，这次不一样的体验给了他们人生别样的自信。

（6）效果最大化——趁热打铁谈学习

活动结束后，我和同学们一起对开幕式表演进行了总结。

我引导道："同学们，这次运动会开幕式表演让我们体验了一次不一样的班级活动，我们要利用这次开幕式表演的收获去指导我们以后的学习和生活。你觉得这次开幕式表演对我们的学习和生活有什么启示呢？"

张剑说："这一次我负责幕后解说。虽然台词很少，但是我却为此练习了很久。我的收获是——哪怕做的是一件小事，也要做到极致！"

周庭宇站起来说："我负责准备道具，当我发现道具没有办法在网上订购的时候，我马上冷静下来，思考着怎么解决问题。同样的，今后在学习中遇到不懂的问题时，我可以通过问同学、问老师来解决，绝不向困难低头。"同学们听了纷纷点头赞许。

朱卉说："我们从准备到表演，其中的艰辛不言而喻。一分耕耘，一分收获。我们终于在舞台上精彩地绽放了自己，取得了开幕式表演第一名。这让我明白——越努力，越幸运。"

邓雨子涵负责这次活动的服装租赁，他站起来，感慨地说："这是我第一次负责班级活动的服装租赁，没想到那么艰难。我们先是统计了角色的服装数量，然后根据角色在网上进行了挑选，接着进行了价格、押金的谈判。后来一家店的服装不够，我们另找了一家，又得开始协商运费问题。经历了一系列波折后，看到同学们的表演如此精彩，我觉得之前的付出很值得。通过这件事，我的收获是——不管做什么事情都要持之以恒，不要轻易放弃。"

同学们还在继续交流着，有的谈到了集体意识，有的谈到了学习心态，有的谈到了学习效率……每个同学都有不一样的收获。

看着同学们眉飞色舞的样子，我倍感欣慰：这不仅是一场运动会开幕式，还是一个启迪学习感悟的新起点！

15 感恩活动

——母亲节，闪耀妈妈的眼

母亲节是一个温情的节日，教师如何引导学生将母亲节过得既有意思，又有意义呢？我认为母亲节不仅是孩子向母亲表达感恩、传递爱意的节日，而且是教师帮助学生和家长融通感情的契机。基于这样的想法，这一次母亲节我们班怎么过呢？

（1）走心“情书”——表达对妈妈的爱

母亲节的前一天，我给学生布置了一个任务：给自己的妈妈写一封走心的“情书”，并且用走心的方式送给妈妈。

听说要写“情书”，全班同学顿时像炸开了锅一样。同学们先是议论纷纷、眉开眼笑、跃跃欲试，然后开始绞尽脑汁地思考怎么写“情书”。

晚上，班级群里出奇地热闹。收到“情书”的妈妈们抑制不住内心的激动，纷纷在班级群里甜蜜地晒出自己收到的“情书”。有的同学送的是有字“情书”，有的同学送的是无字“情书”。

子涵妈妈甜蜜地晒出一封用粉色信封装着的“情书”，还特意把里面的内容展示给大家：

“妈妈，我现在慢慢长大了，不能做到像以前那样黏着您。我很抱歉，没能像以前那样抱着您，牵着您的手，没能像以前那样每天晚上吵着跟您睡觉，没能像以前那样每天不断地叫着您。但是，我想说，我真的真的很爱您，生我是您，养我也是您。整整15年的感情，我心里对您的那份爱，永远是最深厚的，也是最明亮的。”

其他同学的妈妈纷纷点赞：“你家子涵好有文采、好有孝心哟。”

俊男妈妈也把儿子写给她的“情书”晒在班级群里，还附带了一张自己抱着抱抱熊的照片。看来收到儿子爱的表达的母亲，整个人都焕发出迷人的风采。

司强妈妈迫不及待地在班级群里晒出四张照片：首先是一盆开着一朵栀子花的盆景，然后是三支粉色康乃馨，接着是一张卡片，最后是四支红色康乃馨。司强妈妈在班级群里发出的信息，让大家隔着屏幕都能感觉到这位母亲雀跃的心情：“我家孩子说，盆景和卡片隐喻两个‘一’，三支粉色康乃馨和四支红色康乃馨分别象征‘三’和‘四’，合起来就是‘一生（三）一世（四）’。”

“哇，这孩子好有心哟。”“哇，司强妈妈好幸福呀。”大家啧啧称赞着。

“而且孩子是在下午5：20送给我的。当时，他提着一个箱子，我问他买的是什么，孩子神秘兮兮地说‘保密’。我猜想着，他是不是买了一只仓鼠来吓唬我，没想到他送给我这么大一个惊喜，真的太感动了。”司强妈妈深情地诉说着。

妈妈们晒得正欢的时候，我也开始凑热闹，我晒出一段录音。我说：“各位妈妈们，谢谢你们培养出这么优秀的孩子。今天13：14的时候，班上一个孩子说：‘老师，请你接收。’我当时懵了，等我打开电脑，才发现这个孩子居然用录音的形式也送了一封‘情书’给我。”我一边说，一边把录音打开：

“如果说遇见一个人是缘分，那么遇见您更是一种命中注定。我不相信命运，但我相信与您的相遇是命中注定。遇见了您，我遇见了我想成为的自己。很感谢这一年来您对我的关心与照顾，我并不觉得您给我的爱比其他人少。初见您时的那一抹微笑，就已经掀开了我注定会拥有的美好岁月的篇章。在我心中，您既像母亲，又像姐姐。小霞姐姐，谢谢您！”

听完录音，班级群里家长们纷纷点赞。

我说：“各位妈妈们，我让孩子们送走心‘情书’的目的是希望孩子学会向妈妈表达爱，成为有感恩之心的人，这是一项很重要的人生素养。”家长们纷纷表示赞同。

（2）特色广告——赞一赞我的妈妈

同学们除了要学会向母亲表达爱以外，还需要体谅到母亲的辛苦。青春期的孩子不仅容易对母亲的付出熟视无睹，并且喜欢埋怨自己的母亲。于是，我借助母亲节的机会，要求同学们给自己的妈妈写一则特色广告。让同学们通过赞扬自己的妈妈，发现妈妈身上的亮点。同学们回忆着生活中的点点滴滴，写出了拥有“十八般武艺”的妈妈的各种特色。

秋萍从妈妈对她的陪伴入手感谢妈妈：

你寂寞吗？你孤独吗？不用担心，“妈妈牌陪伴”将跟随你，让你时刻感受母亲的温暖。你还在等什么？只要行动，不用金钱，“妈妈牌陪伴”把你带回家。

鑫瑶给自己妈妈的定位是“全能妈妈”，广告词由四字短语组成：

上得厅堂，下得厨房。勤劳能干，进退得体。厅堂之美，宾客共谈。厨房能手，五色生辉。

刘源用日常对话的形式再现了妈妈对自己的关爱：

妈妈：今天温度下降了，记得把这件毛衣穿上。

女儿：妈妈，我不冷！

妈妈：谁说不冷，穿上穿上，万一冻感冒了，怎么办？

女儿：哎呀，你烦不烦哪！

妈妈：穿上穿上，穿上预防着，万一冷，怎么办？

厚勇从“优秀妈妈”的角度写了几句广告词：

母亲口才一流，说服人。

母亲吃苦耐劳，不抱怨。

母亲坚韧不拔，不服输。

钟鹏用朴实的语言表达了他对妈妈的理解：

我的妈妈不是最漂亮的妈妈，但是，她却用她的双臂，撑起了我们家的半边天。她的厨艺不是最好的，但是，她做的煎饼却是我们全家人最喜欢吃的。

诗怡设计了一个小册子，她准备在封面上展示妈妈的美照，并写下妈妈的优点：

勤奋，年轻，貌美。喜欢我，关心我，爱护我。

当大家把特色广告语写出来后，我问道：“你们心里有什么想法？”

“没想到我的妈妈有那么多优点。”一个同学羞愧地说。

“我觉得我的妈妈真的很辛苦。”一个同学动情地说。

“是呀，大家千万不要对妈妈的爱熟视无睹，也不要认为妈妈对自己的爱是理所当然的。老舍在《我的母亲》中写道：‘有母亲的人，心里是安定的。’同学们，请珍惜自己现在拥有的，珍惜自己和妈妈在一起的美好时光吧！”我顺势总结道。

（3）寻人启事——体验失去妈妈的感受

同学们赞美了妈妈，了解了妈妈的亮点后，还需要学会珍惜和妈妈在一起的美好时光。于是，我们开展了一项体验活动。我提出新的要求：“如果有一天，你的妈妈走丢了，你需要刊登一则寻人启事，你会怎么写？”

为了创设情境，我播放着《世上只有妈妈好》的歌曲。同学们安安静静地写着寻人启事，在悠扬的音乐声中，有的同学边写边哭，仿佛自己的妈妈真的走丢了一样。在随后的分享环节中，有的同学欲语泪先流。

王燕画了一幅妈妈的图像，图像中的妈妈已经有了银丝。她说：“今天如果不写这则寻人启事，我对妈妈的白发就没有什么感觉。今天图像上的那几根白发深深地刺痛了我的眼睛。”说完，她的眼圈儿红了。

曹昆向来幽默风趣：“生活不易，吾之母丢于街道。她有些矮，被生活重担压得直不起腰来。她喜欢吹夸夸（重庆方言，意为聊天），但话题都是儿子和家庭。如有发现者，请告诉她，她的淘气儿子正在等她回家。”曹昆一说完，全班同学顿时哄堂大笑。

成鑫站起来有些激动地说：“姓名，张力。肤色蜡黄，身高一米六。常常在北城周边游逛。”正说着，他突然大哭起来：“我居然不知道妈妈最细微的特征，这样的寻人启事是找不到妈妈的。如果我的妈妈真的走丢了，我不知道该怎么办，谁来照顾我的生活？”

我趁热打铁：“同学们，成鑫说得对，有些同学居然连自己妈妈最基本的特征都不了解。你们说，自己对妈妈有多少了解呢？如果今天走丢的是你，让你的妈妈来描述你。我敢说，所有的妈妈都知道自己孩子最细微的特征。”此时，很多同学都不好意思地低下了头，表示默许。

我继续总结着：“世界上最美好的事情——我已经长大，您还未老；

我有能力报答，您依然健康。如果有一天，我们的妈妈真的走丢了，那么我们到时候后悔都来不及，所以我们从今以后要好好地爱自己的妈妈。”此时，教室里出奇的安静。

通过创设情境，让同学们给母亲写一则寻人启事，可以让他们内心受到强烈的冲击，感受到失去母亲的痛苦，从而将他们内在的感激之情有效地激发出来，并引出他们对自己平日言行的忏悔之情。

（4）忏悔书——表达对妈妈的歉意

中学时期的学生正处于青春期。他们认为自己的想法最正确，爱和父母顶嘴，一次次挑战父母的底线，让家长很是头疼。但是孩子毕竟是孩子，他们的情绪来得快，消失得也快。

同学们刚刚体验完失去妈妈的痛苦，我趁热打铁，请他们想想自己平时做得不对的地方，然后写一封忏悔书给自己的妈妈。

同学们先通过写忏悔书的方式，进行自我教育、自我感悟、自我悔悟。再用忏悔的语气，把忏悔书读出来和全班同学分享。

曾华读着自己写的忏悔书，情绪慢慢低落：“我知道，这 15 年里，我没少犯错，您一直包容着我的叛逆、我的幼稚、我的一切……。我知道，在我和您顶嘴的时候，您的心里也不好受，我看见了您眼中的无奈和愤怒。妈妈，今天我体验了失去妈妈的感受，我要珍惜以后和您在一起的每一天。妈妈，对不起，以后我再也不和您顶嘴了。”

“妈妈，我年少轻狂不懂事，请您原谅！平时我的很多行为都很过分，请您多多包涵！”兰新说得情真意切，“您生养了我，不仅要忍受分娩之痛，还要承担把我抚养长大的重任。为了我这个不争气的儿子，您流了多少眼泪呀。我还和您闹矛盾，让您的皱纹又增加了。妈妈，对不起，对不起，请您原谅我！”同学们都流泪了。

我告诉同学们：“看得出，今天大家都是真心悔过。为了更好地表达对妈妈的感恩之情，今天晚上，请大家把忏悔书给妈妈读一遍吧。”

最后，我进行总结：“同学们，今年的母亲节，我们通过写走心‘情书’、特色广告、寻人启事、忏悔书表达了自己对妈妈的爱。当然，我们不仅仅要在母亲节这一天对妈妈表达爱意，我们更要在日常生活中多表达自己对妈妈的爱，陪伴妈妈、孝顺妈妈、体贴妈妈，用真实的行动证明自己对妈妈的爱，把感恩的行动融化在生活的每一个细节里，这才是真正的爱！”

同学们一边听着，一边若有所思地点头。

16 联谊活动

——青年节，我拿什么来庆祝青春

五四青年节是青年人的节日，青年人代表着青春洋溢、激情奋斗。如何引导学生过一个有意义的青年节呢？我和学生、家长相约到公园，一起在活动中体验青春的美好。

（1）分享野餐——做一个有情义的人

青年节讲究的是情义——亲情、友情、同学情、师生情，感受的是温暖。

我们相约来到森林公园后，大家找到了一个长长的水泥板。爱航妈妈迅速拿出防潮桌布，几个家长立即拉住桌布四个角，先向上一甩，再向下一拉，然后在水泥板下方打一个结，简易的“饭桌”就搭建好了。

大家不约而同地拿出零食。张剑妈妈把带来的蛋糕散放在“桌子”上，张鑫妈妈把桶里的枇杷一个劲儿地往“桌子”上倒，秋萍妈妈把自己亲手做的寿司放在每一个伸手就能拿到的地方，兴美爸爸把带来的矿泉水摆在“桌子”上……一场盛大的野餐分享会准备就绪。

爱航妈妈招呼同学们：“大家快来吃呀，野餐分享会开始啦。”同学们马上围过来，选吃着琳琅满目的零食。

大家吃得酣畅，吃得痛快。秋萍喂张红吃，刘小喂成颖吃，你吃我的，我吃你的，大家都吃得津津有味。兴美正在喂自己的爸爸吃，她的爸爸低着头，虽然有些羞涩，但眼里却藏不住内心的幸福和甜蜜。

我突发奇想，我们是不是应该拍下这些美好的瞬间呢？于是我提议：

“同学们，现在我们进行喂零食拍照留念，大家喂零售，我来拍照。”

“好好好，这个好，有意思。”大家一拍即合。

只见子涵正在给妈妈递西瓜，子涵妈妈面带微笑，甜蜜地接过西瓜，“咔嚓”，我迅速拍下这永恒的一瞬。曹红拉着爸爸妈妈，一会儿喂妈妈，一会儿喂爸爸，惹得全场哈哈大笑。文杰带着爷爷和爸爸，一会儿喂爷爷，一会儿喂爸爸，爷爷脸上的皱纹舒展开来，笑成一朵菊花，一家人享受着美好的天伦之乐。

同学之间也是其乐融融。星宇喂王剑，瑶瑶喂慧慧，大家互相喂着零食，好不热闹。

王强拿着薯片，一个劲儿地说：“老师，你吃，你吃。”我不好意思地接过来。“咔嚓”，子涵妈妈迅速按下快门，留下这温暖的瞬间。

张剑已经比我高出一个头，他把手放在我的肩膀上说：“老师，我保护你，来拍一个。”一个瞬间立刻变成了永恒。

野餐分享会让家庭之乐、同学之谊、师生之情都融化在温暖的氛围中，既让人迷恋，又令人沉醉。

（2）藏梦想瓶——做一个有理想的人

为了给青春留下美好的回忆，在青年节这天，我们玩了一个藏梦想瓶的游戏。我们要把梦想种在心里，因为青春有梦、勇敢去追是一件惬意的事情。

首先，梦想入瓶。我召集道：“同学们，请你们把自己的梦想写在纸条上，然后装进透明瓶里。”同学们兴致盎然地书写着自己的梦想，然后迅速地把梦想纸条放进瓶子里。

然后，藏梦行动。望着公园里的大片草坪，我规定了藏梦想瓶的界线：“请大家以前面的那三棵树为界，藏梦想瓶的位置不能超出这个范围。”一切准备就绪，我马上发令：“开始！”号令一出，同学们以迅雷不及掩耳之势飞奔开来。有的同学跳着往树上藏，有的同学藏在草坪里，有的同学藏在树底下……

接着，寻梦之旅。我观察大家基本藏好了，便大声说道："请大家开始寻找其他同学的梦想瓶，找到的同学有奖励哟。"只见同学们飞奔着在草坪里左翻翻，右找找。"啊，我找到了。"司强高兴得惊叫起来。一听说司强找到了，其他同学羡慕不已，继续翻找，有的同学把垃圾桶都翻了个底儿朝天，还有的同学甚至爬到树上去找。

再次，分享梦想。等同学们找得差不多时，我们开始分享大家的梦想，有的纸条上写着："我想当音乐家。"有的写着："我想环游世界。"有的写着："我期待世界和平。"

找到梦想瓶的同学开始念纸条上的梦想。"我想当漫画家。"司强大声念着。"我猜是唐友红，因为他爱画画。"爱航粗着嗓门儿，大声吼着。唐友红不好意思地点点头。

"老师，我要奖励。"找到瓶子的司强撒娇地说。"我也要奖励。"猜到梦想的爱航也开始嚷嚷。"好好好，奖励每人一包零食。"司强和爱航喜滋滋地领着奖品，其乐融融。

最后，憧憬梦想。活动接近尾声时，我总结着："同学们，在今天这个特殊的节日里，我们重新找回了自己的梦想，希望大家把梦想种在心底。奋斗的青春最美丽，愿大家为梦想挥洒青春的汗水。期待十年后，同学聚会的时候，我们都已实现自己的梦想！"同学们的眼睛亮晶晶的，仿佛看到了十年后的自己。

（3）同心同脚——做一个懂协作的人

为了培养同学们的团队精神，在青年节这天，我们将娱乐与竞技结合起来，在野外体验了同心同脚游戏。游戏规则是：把两个相邻的人的左右两只脚捆绑在一起，然后俩人一起奔跑 25 米，先到的团队获胜。我们体验了三轮不同的团队组合，从多个角度培养同学们的团队精神。

第一轮，亲子组合体验。这一轮体验是为了增进亲子之间的默契。儿子和妈妈相邻的两只脚捆绑在一起，女儿和爸爸相邻的两只脚捆绑在一起。号角一响，儿子扶着妈妈，女儿抱着爸爸，大家都小心翼翼地喊着节奏一起前行。速度快的组合到达终点后欢呼雀跃，还没有到达终点的也毫不气馁，亲子之间互相鼓励、互相打气，继续享受着惬意的游戏。有个孩子的爸爸体验完亲子游戏后，激动地说："我已经很久没有和孩子这样亲密了。"

第二轮，小组组合体验。这一轮参加比赛的是班级小组，每组 6 个同学。大家互相帮助，组长和组员们提前预演，不断训练，有的还约定了口号："我们一起喊，一二、一二。"大家都铆足了劲儿，唯恐给自己的小组拖后腿。比赛过程中，有的队伍配合默契，有的队伍歪七扭八。不管成功与否，每个同学已经明白，小组成员之间的默契与配合很重要。

第三轮，全班总动员体验。这一轮的体验是全班同学一起玩同心同脚游戏。一听说全班同学一个不落地都要捆绑在一起，全场一片哗然，有的同学说："这么多人，怎么可能？"有的同学激动得大叫。

我淡定地说："不管能否实现，我们试一试；不管走得如何，我们风雨同舟！"听我这么一说，大家吃下"定心丸"，立即开始行动，用绳子互相捆绑着。当哨声响起时，在公园的广场上，一条横着的"长蛇"开始挪动，大家一起并排行走。有时绳子掉了，一条"长蛇"变成了三段，大家停下来等一等，捆绑好继续前进，没有一人说放弃，没有一人被抛弃。25 米的距离虽然走了很久很久，却走得很暖很暖。一次同心同脚的体验，让班上的 51 名同学体验到了班级强大的凝聚力。

三轮同心同脚体验，第一轮考验的是亲子默契，第二轮考验的是小组合作，第三轮考验的是全班团结。不管是配合默契，还是磕磕绊绊，甚至险象迭生、跌跌撞撞，最后大家都明白：不管是家庭、学校，还是社会、国家，众志成城、同舟共济的团队精神都非常重要。

（4）反思问题——做一个更成熟的人

青年节这天，我们还要引导学生做一个成熟的人。而一个人成熟与否，取决于他能否理性地思考问题。

回到学校后，我和同学们一起翻看我们出游的照片。看着互相喂食的表情包，大家不禁哈哈大笑。看着自己找梦想瓶的样子，大家沉浸其中快乐不已。看着体验同心同脚游戏的那一幕幕，同学们又陷入沉思。

然后，同学们分享了自己的思考和感悟。

诗怡说："今天，每个人的梦想都公开了，公开自己的梦想就是公开自己的决心，我很期待十年后大家梦想成真的那一刻。"

张鑫说："我和父母一起玩游戏的时候，我感受到了温暖的亲情。"

司强说："爱可以支撑一切，爱让我们聚集在一起，让我们的学习和生活变得更有意义，让我们的距离变得更近，让我们放松了、愉悦了，希望爱永远延续。"

子涵说："当我们在一起分享美食的时候，大家真的很开心；当我们写下梦想的那一刻，我听到了自己内心深处的声音；当我们玩同心同脚游戏的时候，我感受到了亲情、友情、同学情、师生情的力量。在这个特殊的节日里，我感受到了温情、梦想、团结，我愿意永远这样美下去。"

我说："同学们，一个人成熟的标志是懂得反思问题，学会理性思考，对一件事情有全新的认识。从今天起，愿大家都能做一个会思考的、成熟的人！"

在这个不一样的青年节里，我们教育学生做一个有情义、有理想、懂协作、更成熟的人。愿我们的人生不管是平凡还是伟大，不管是精彩还是平淡，都值得回味。愿同学们都能有飞扬的青春，别样的人生！

17 宅家活动

——什么样的网课作业不会被轻视

由于疫情的爆发，学生需要宅在家里。随着学生在室内待的时间太久，再加上“停课不停学”带来的学习压力，各种问题开始凸显。此时，如何将“停课不停学”举措与抗疫行动结合起来——让学生既宅出意义，又宅出乐趣呢？我们班开展了“宅家趣味作业”活动。

（1）玩就玩出意义——自拍抖音学健康娱乐方式

宅家需要上网学习，于是同学们开始“光明正大”地拿着手机玩。既然手机成为必备的学习工具，那么教师干脆就引导学生正确地使用手机吧。只有让学生玩得健康，玩出意义，才能达到“停课不停学”的目的。

于是，我布置了玩抖音的作业。玩抖音也需要赋予意义：用自己的方式玩出健康。

我刚布置作业是玩抖音，班级群里瞬间就炸开了锅。

“什么，作业是玩抖音？没有开玩笑吧？”有的同学觉得不可思议。

“哇，我还没有做过这样的作业呢！”有的同学很好奇。

“我们要思考玩的意义，玩抖音也能玩出意义呢。”我解释道。

“老师，我不上镜。”有的故意捂脸。

“哈哈，我平时也玩抖音，今天终于派上用场了！”有的兴奋。

“收到！遵命！”有的愉快幽默地接受。

大家对这样的作业感到既兴奋又刺激。

这样的作业促进了同学们的思考，大家开始寻思着……刘顺拍出了抗疫的建议——“勤洗手，少出门，多锻炼”的视频；李家豪拍下了关于宅家保健知识的视频；李娜制作出一个抗疫公益广告；戴如曦发出自己穿着汉服打乒乓球的照片；苏林开发自己的智力，编了一个智力魔法游戏；子昂把自己家当作旅游场地，拍了一个神奇的旅游视频。大家的娱乐方式不再是打游戏、玩手机、睡懒觉，而是充实与休息结合，趣味与意义兼顾。

玩抖音的作业既缓解了同学们无法进行户外活动的焦虑，又引导同学们学会了健康宅家。如此作业，岂不乐哉！

（2）吃就吃出品位——自做食物探文化根源

民以食为天，吃饭是生活中的一件大事。可是大家是否吃得环保、吃得健康、吃得有品位呢？如何吃出动力、吃出未来呢？为此，我们开展了“自做食物探文化根源”活动，用广阔的文化视野来构建健康饮食新理念。

首先，探究中国饮食文化。我首先向同学们介绍了中国传统饮食的两大特色：营养与健康结合，色香味俱全。然后向同学们出示了全国各地的特色家常菜，那些菜品色泽与质感的完美结合，精美器皿与拍照艺术的感官冲击，刺激着同学们的视觉和味觉。同学们跃跃欲试。

接着，学做一道家常美食。我要求每个同学自己通过查资料，学做一道美食。同学们乐此不疲：有的做蛋糕，有的做麻婆豆腐，有的做翡翠白菜卷儿，有的做可乐鸡翅。大家主动晒出自己做菜的照片，还特别注意餐具的搭配，展示出色香味俱全的美食。

然后，分享菜品文化知识。我要求同学们首先上网查阅有关菜品的文化和历史，包括其营养价值、烹饪步骤等，然后在各自小组内分享。比如一个学生做麻婆豆腐，先谈豆腐的种类、豆腐的来源、豆腐的营养等，然后再自然而然地谈到饮食文化、保健养生。

最后，总结健康饮食特点。活动的落脚点是健康饮食。于是，我们联系抗疫知识，一起总结出健康饮食小常识。①多吃高蛋白类食物，少吃高热量类食物。②多吃蔬菜水果，少吃垃圾食品。③多吃鱼肉，少吃高脂肪类肉。④多吃清淡膳食，少吃油炸食品。⑤多吃粗粮，少吃精细食品。⑥多喝白开水，少喝碳酸饮料。⑦多吃新鲜食物，少吃腌制食品。⑧多吃环保食品，拒食野味。

（3）理就理得彻底——晒晒我的房间整理照

宅家更需要舒适和整洁的环境，所以让学生学会整理房间很有必要。于是，我们开展了一场“晒晒我的房间整理照”活动，让学生既学会整理自己的房间，也学会整理自己的心灵空间。那么，“晒晒我的房间整理照”作业怎么做呢？

第一步，制定整理标准。既然要整理房间，那么就要有整理的规范，所以我们先制定出房间整理的评价标准。①房门：光亮洁净。②墙面和天花板：无蜘蛛网，无污迹，无脏点。③地面：干净整洁，没有垃圾。④窗户：窗帘干净，窗台无污迹。⑤床：被子、枕头整洁规范，美观干净。⑥衣柜：衣架、隔板无灰尘，清洁保养。⑦书架：书本摆放整齐有序。⑧物品：摆放整洁，无灰尘。⑨特色：有独特的品位。

第二步，分享劳动成果。同学们看到了评价标准，就开始按照标准忙活起来。为了让同学们看到自己的劳动成果，我要求他们把做清洁前的照片和自己整理后的照片进行对比。君君平时不爱做清洁，听说要晒出自己的房间，这次做卫生时一丝不苟。当他晒出房间照片的时候，全班同学惊讶不已：“哇，这是君君整理的房间吗？”君君马上发言：“是我整理的。”“那以后我们教室的清洁就按照这个房间的标准做哟！”清洁委员马上回复。君君发出害羞的表情。

第三步，评选优秀房间。我们既邀请了学生评委，也邀请了家长评委。大家以小组为单位发出房间照片，每一张照片都可以看出同学们的用心整理和布置。评委们评选出“最整洁房间”“最简约房间”“最朴实房间”“最有品位房间”“最舒适房间”“最温馨房间”“最适合学习房间”“最宁静房间”等。

（4）动就带动全家——自创趣味家庭运动会

宅家也需要运动，运动除了可以锻炼身体以外，还可以改善亲子关系。只有全家人都健健康康、参与运动，才能真正实现抗疫的目的。因为室内运动受到空间的限制，所以我们需要增加运动的乐趣。于是，我们布置的体育作业是家庭运动会，鼓励全家人一起做趣味运动，运动的项目自主决定。

全家人一起运动，其乐融融。有的全家人穿着睡衣做广播操；有的做俯卧撑；有的把饭桌当作乒乓球台，在家打乒乓球；有的把家里布置成游乐场，一起玩套圈儿游戏；有的全家人一起打“保龄球”……全家人宅在家里，一起运动，尽享天伦之乐，好不惬意。

（5）演就演出真实——自导自演 AB 剧进行心理调适

如何缓解同学们宅家的烦躁、无聊情绪？兴趣是最好的老师，自己才能最终治愈自己！于是，我布置了拍 AB 剧进行心理调适的作业，让每个同学都学当导演和演员，再现疫情期间自己的情绪。

首先，我问大家：“同学们，这段时间你们的情绪怎么样？”

“无聊！”“烦躁！”“闷！”同学们纷纷表示。

“面对自己的这些负面情绪，我们采取两种不同的处理方式，结果就有两种不同的发展方向。”我引导同学们。

然后，我讲解了什么是“AB 剧”，接着引导同学们选择一个场景，并把自己正面处理的方式和负面处理的方式设计其中。

最后，我和同学们讲解了如何创作剧本。同学们写剧本后拍剧本，演绎真实的生活。

同学们拍出来的视频真是精彩，大家不仅真实地再现了自己的情绪，而且领悟了正确处理负面情绪的方式，达到了进行心理调适的目的。

（6）爱就爱得投入——办一场自己的升旗仪式

2020 年 1 月 20 日，中共教育部党组印发《教育系统关于学习宣传贯彻落实〈新时代爱国主义教育实施纲要〉的工作方案》的通知，要求“在教育系统扎实开展深入、持久、生动的爱国主义教育”。“明理”“共情”“弘文”“力行”是其中的关键词。爱国主义教育应该贯穿在我们日常学习生活的点滴行动中，而不仅仅是在口号里。于是，我布置了“办一场自己的升旗仪式”的宅家作业。

首先我把天安门广场庄严的升国旗仪式视频发在班级群里，并以“家国天下”作为网课主题，要求同学们提前观看爱国视频，回忆抗疫中的爱国故事，寻找身边的爱国人物。然后我和同学们一起观看了《为了谁（武汉版）》的视频，全班同学群情激昂。大家看着画面上一个个熟悉而又陌生的身影，他们无怨无悔，他们挺身而出，他们冲锋陷阵……太多太多平凡却有着大爱情怀的英雄啊，他们也是和我们一样有着血肉之躯的普通人哪！

我不禁热泪盈眶，激动地说：“同学们，没有国，哪有家！‘家国天下’不是空话，是真实的点点滴滴的行动。‘中国加油’不是空话，真的需要所有中国人团结一心，需要我们每一个人的努力！国难兴邦，每个同学都是国家的一分子，都应该用实际行动去爱我们的祖国，下面请大家各自在家里举行升旗仪式，向我们的祖国敬礼吧！”

网络的另一端，同学们一个个神色庄严，大家或用手机播放着视频，或用电脑播放着国歌。在铿锵有力的国歌声中，同学们向国旗敬礼，向祖国敬礼，向每一个坚守在一线的抗疫人员敬礼。

当家长把一张张照片发到班级群里的时候，我看着同学们坚定的目光，仿佛看到了未来中国少年高大而勃发的姿态，少年强则国强！

（7）宅就宅得自制——自拟习惯清单

虽然宅在家里，但是不能虚度光阴，因此同学们还要学会自我管理，做一些有意义的事情。如何有计划地做事呢？引导学生自拟一个可以坚持执行的习惯清单显得很有必要。

于是，同学们先确定了“疫情期间的目标”。为了达到目标，大家需要培养“可以养成的习惯”。俗话说，21 天可以养成一个习惯，所以我们以 21 天为一个周期，制定了实现目标的“三阶段清单”。

第一阶段：第 1～7 天。这一阶段属于心理反抗期，此时需要将自己的习惯清单贴在醒目的位置，同时迈出行动的第一步。

第二阶段：第 8～14 天。如果此时行为开始变得不稳定，时好时坏，就要提高门槛，并且把行为模式化。既要拟定例外的规则，给自己一个缺口，也要有一个可以让自己坚持下去的开关。

第三阶段：第 15～21 天。如果此时自己已经有些倦怠，那就要添加新的变化，并制定新的目标，这样才能把一个习惯真正地坚持下来。

把习惯清单列出来仅仅是一个开始，更重要的是后期的执行和坚持。

第五章

趣味家校合作：

让和谐家校成为助推器

18 期末家长会

——用感动代替焦虑

分析期末考试成绩是期末家长会的惯常活动，考得好的同学心情愉悦，考得不好的同学忧心忡忡。如何把期末家长会开得有内涵、有品质？如何把期末家长会开得有深度、有广度？我做了以下尝试。

（1）个性邀请函——代替集体通知

我要求学生自己制作期末家长会个性邀请函，用个性邀请函代替集体通知书来通知家长开会，可以体现学生鲜明的个性。

在个性邀请函里，有的同学表达了自己的担心，给家长打了一次“预防针”：“这次邀请您去学校‘喝茶’，顺便谈一下人生。其他同学的家长也会去，可能您跟他们‘喝茶’的感觉不一样。但是我相信下学期您再去‘喝茶’的时候，就不会再是这样的感觉了，您等着我的进步吧。”孩子的母亲看到这样的个性邀请函，哑然失笑，马上在邀请函后面回复孩子：“希望你说话算话。君子一言，驷马难追。希望以后你带给我的是惊喜，而不是惊吓。”学生对家长会的担忧就此烟消云散了。

有的同学表达了自己和父母之间的亲密：“Hello！我是你的小迷妹哟，这次邀请你来参加小迷妹的期末家长会……”亲昵之情溢于言表。

有的同学表达了自己对父母的感激之情：“亲爱的爸爸，今天我用写信的方式，邀请您到学校参加期末家长会。同时，我也想借这次机会，表达我对您的感激……”

随着活动的深入开展，我逐步提高了个性邀请函的制作要求，希望促进学生思维能力的提升。

第二次制作个性邀请函，我要求学生创新邀请函的形式。于是，有的同学将邀请函制作成了手工品——折成一朵花或丹顶鹤的样子；有的同学创新了邀请函的制作材料——把纸张换成了纸杯；有的同学将邀请函做成了礼盒的形状——精致而大气……

第三次制作个性邀请函，我要求学生注重邀请函语言表达方面的创新。这次创新更是各具特色。

有的是“快板体”邀请函：

家家团聚，开个会。
人人都来，讲学习。
快快乐乐，助成长。
欢迎你们，一阶梯。
我们等你，小惊喜。

有的是“成都方言体”邀请函：

家长会，你来嘛，你来了逗晓得了赛。请假还是啷个样，都要来哈。呢儿肯定重要塞，把故事呢些准备起哈，哎呀，反正你看到起办。

有的是“诗歌体”邀请函：

轻轻的我走了，正如我轻轻的来。
我轻轻地招手，带来如约的邀请。
那蒙蒙的细雨，是冬日的信使。
雨丝中的清风，带给你我的问候。
在匆忙的时光里，愿你抽出闲暇前往博静公摊。
满载一船清风，轻轻地我赴约等你。

有的是“古诗体”邀请函：

微风杨柳轻拂面，繁星点点恍如梦。
正值青春好时光，决试人生何去从。
家中贤母优良女，身传受教或以大。
良辰吉时邀明月，血肉相连尤融洽。
一心今日白云间，不负九年寒窗日。

有的是“淘宝体”邀请函：

亲，今天来开家长会哟。
亲，今天有惊喜等你哟。
亲，你准备好了没有哟。

个性邀请函的制作，不仅融通了父母与孩子之间的亲子关系，而且锻炼了学生的设计能力、写作能力和创新思维。期末家长会因为有了个性邀请函而熠熠生辉。

（2）亲子大头贴——代替假期提醒

假期是学生成长的提升期，如果教师只是苦口婆心地说：“大家不要只知道玩，假期是提升自己的好机会哟。”有多少学生能听得进去呢？如何既能提醒学生和家长们合理利用假期时间，又能让期末家长会给他们留下美好回忆？我们用亲子大头贴拉开了假期生活的序幕。

我结合微信朋友圈和大头贴的模板，设计了一个 180cm × 50cm 的长方形模型，上面是相框，下面是所有家长的微信头像，表示家长们都参与其中。模型底部模拟微信朋友圈点评的方式，写下了科任教师给学生的假期寄语。家长和科任教师都参与了模型的设计。整个图案加入了中国风的元素。上面赫然写着："寒假来了"。同时，把我们的班徽也设计在上面，寓意时刻凝聚、时刻汇聚的班级精神。

当我把亲子大头贴模型放在教室外面的走廊上时，我们班级的"接待员"开始给每一对亲子拍照。瞧，这位爸爸和孩子亲昵地靠在一起，甜滋滋地照着；那位妈妈和孩子亲密地拥抱着，幸福地拍着；还有奶奶和孙子一起照，外公和孙女一起拍。每个人的心里都荡漾着快乐，脸上都挂满了幸福。

其他班级的学生看见我们的亲子大头贴模型，也兴奋地邀约几个同学一起拍，同寝室的同学也雀跃地摆着各种姿势拍，学生还邀请科任教师一起拍……，大家都喜滋滋地把自己拍的照片发到朋友圈。有的还用美图软件给照片中的人物加上兔耳朵，加上猪鼻子，好不惬意。

再看看模型底部科任教师的假期寄语，它们早已潜移默化地浸润了学生的心田。

英语教师说："希望同学们在好好休息、完成假期作业的同时，不断丰富自己，拓展自己的视野，过一个有意义的寒假。"

数学教师说："学好数学，肢体勤奋和思维勤奋缺一不可，数学能力的培养需要'汗水 + 方法'。"

物理教师说："老师的拉力或许能帮你克服前进的阻力，但是真正能让你前进的是你自身的努力。"

语文教师说："假期是自我修养的增值期，是身心发展的调整期，我们千万别把黄金期过成了颓废期。"

一个亲子大头贴，既点燃了家长们参加期末家长会的热情，也温暖了寒冷的冬天。美好的假期生活已悄悄地在学生的心里埋下一颗温柔的种子。

（3）特殊红包——代替成绩发放

在期末家长会上谈成绩是无法避免的。可是一谈成绩，每个人的心情都是忐忑的。如果成绩单总是以冰冷的分数加上教师的简单评语的形式发放出去，那么考得好的同学及家长会皆大欢喜，考得差的同学就会尴尬又难受。

发放成绩单的目的是什么？是总结经验，开启美好的新学期。如何把成绩单的发放做得更人性化、更有温度？我们决定用温暖的红包来代替。

红包里面装的除了成绩单以外，还有教师给家长的一封信，班级同学、小组长、班干部等的个性评语，以及教师的祝福语。

此外，我还装了一个气球在红包里。寓意是什么呢？我告诉家长们："不管孩子期末考试考得好不好，我们都要帮助孩子，在这个假期充充电，不断提升自己，那样我们的假期生活就会像充满气的气球一样，丰盈而充实。当然，如果我们不去提升自己，那么我们的假期生活就会像永远没有充过气的气球一样，干瘪而无趣。"

顿时，家长会的气氛变得轻松起来。学生争先恐后地举手，说："老师，我要来发红包。"

"老师，我也想体验一下给别人发红包的感觉。"有的学生干脆跑到讲台上，自告奋勇地发红包。

家长们更是喜笑颜开，纷纷放下对孩子成绩的顾虑，乐呵呵地打开收到的红包。

红包开启了，家长们看看自己孩子的成绩单，哪怕孩子考得不够理想，家长们也不会特别伤心难过。一个红包的发放和一个气球的意义传达，不仅避免了发放成绩单时家长的尴尬，而且把家长的注意力转移到假期增值上来了。

（4）视频播放——代替单调絮叨

期末家长会是对一个学期的回顾和总结。如果班主任只是简单地解说我们这一学期做了什么，又有多少家长能记住呢？于是，我决定采用播放视频的形式，重温我和同学们这一学期走过的旅程，视觉和听觉的冲击力远远胜过我的单调絮叨。

学期总结视频在悠扬舒缓的音乐声中慢慢开启。我一边播放视频，一边深情诉说："尊敬的家长朋友们，活动是学校的生命线，没有活动学校就没有活力，没有活动校园生活就会了无生趣。这一学期，我们走过了……"画面已经铺开，家长们在音乐声中开始回忆：从开学到期中，从期中到期末，从生活细节到学习场面，每一个学生、每一位家长都被记录。大家经历的点点滴滴，走过的丝丝缕缕，一切恍若昨天。家长、学生和教师的心随着视频画面的切换紧紧地融合在一起……

（5）全员个性奖——代替成绩评价

每一位家长都希望自己的孩子期末能够有所收获，就像农民种庄稼都渴望收成一样。所以，在期末家长会上，我们不能用成绩单一地评价学生，而应用全员参与的方式对学生进行多元评价，让每一位家长都获得开家长会的成就感和价值感。

学生获奖方面，我根据班上同学的特长，设置无穷潜力奖、无私奉献奖、最佳书写奖、乐于助人奖等奖项，然后根据每个学生的亮点来评奖。

家长获奖方面，我评选出最具正能量家长、最具示范力家长、最具个人魅力家长、最具贡献家长、最具才华家长等。

奖状由学生自己设计，再盖上班级的印章。独有的奖项、独有的奖状、独有的印章，每个学生都能得到肯定，每个学生都能找到自信，每个学生都是独特的自己。领奖台上，每个学生都神采奕奕、容光焕发。

用全员个性奖代替成绩评价，可以把期末家长会办得温暖贴心、其乐融融，何乐而不为呢！

（6）家长大比拼——代替指责埋怨

平时，我们总感慨有些家长关注孩子太少，总期待家长和学校配合更多。其实，与其抱怨家长不配合学校工作，不如把家长会当作培训会，通过一场家长考试，引发家长自我思考。

我们设计的家长试卷共有10道题，每道题10分，答卷者和评卷者都是家长本人。题型有问答题、选择题、填空题。考试内容涉及亲子陪伴、教育方法、亲子关系、学习管理、手机管理、行动引领、班级付出、假期总结、假期规划等方面。

期末家长会家长测试题

注：尊敬的家长朋友们，孩子的初中生涯又走过了一个学期，今天您也将参加一场期末考试，既是对家校沟通工作的总结，也是密切亲子关系的机会。感谢您的配合！

您的身份（例：王丽妈妈）：____________您的职业：____________

您每天的工作时间：____________

1. 这个学期，您每天会花多少时间陪伴孩子，不能陪伴的原因是什么？（以满分10分计算，请按照陪伴孩子时间的长短给自己打分。）

这道题得分（　　）

2. 这学期您为孩子做的最有意义的几件事，能罗列出来吗？（以一件事1分计算，满分10分，请算算分值。）

这道题得分（　　）

3. 您和孩子关系如何？

A. 像朋友一样，无话不谈，我非常关注孩子的思想状态。（10分）

B. 关系还可以，孩子不愿意找我交流。我愿意努力改进。（5分）

C. 彼此交流不久就冒火，沟通有障碍，很苦恼。（3分）

D. 我对孩子无能为力，已经放弃了。（2 分）

这道题得分（　　）

4. 这学期您主动和教师交流了解过孩子的学习情况吗？（以满分 10 分计算，请根据您对孩子在校情况的了解程度给自己打分。）

这道题得分（　　）

5. 您能控制孩子的交友范围和玩手机游戏吗？（以满分 10 分计算，请根据您的控制情况给自己打分。）

这道题得分（　　）

6. 您对孩子的学习有要求吗？（以满分 10 分计算，请根据您的要求给孩子具体的方向和行动引领程度打分。）

这道题得分（　　）

7. 您是主动参与还是被动参与孩子班级的活动？（以满分 10 分计算，请根据您的主动程度打分。）

这道题得分（　　）

8. 您对孩子以前的假期有过管理和规划吗？（以满分 10 分计算，请根据孩子假期的表现打分。）

这道题得分（　　）

9. 这个假期，您准备陪伴孩子做哪些有意义的事情？（以满分 10 分计算，请根据事情估计的完成程度打分。）

这道题得分（　　）

10. 请问这套试题给了您怎样的启示？（以满分 10 分计算，请根据您的收获情况打分。）

这道题得分（　　）

请算一算这套试题的总分（　　）

当我把试卷发给家长的时候，全场大笑。家长们风趣地说："嘿嘿，孩子们参加完期末考试，我们也要参加一场期末考试呢。"

家长拿到试卷开始答题。慢慢地，有的家长开始悄悄地抹眼泪了。

答题完毕，我邀请家长交流、分享感想。一位爸爸哽咽着说：“这张家长考卷，我居然不及格。”他的眼圈儿瞬间红了。

一位家长欲语泪先流：“我陪伴孩子的时间太少了……”顿时全场气氛变得沉重，很多家长埋头沉思。

有的家长豁然开朗：“我终于明白为什么孩子和我关系不亲了。”

有的家长表达着决心：“这个假期我要好好陪伴孩子。”

…………

家长期末考试的过程既是复盘过去的过程，也是荡涤心灵的过程。我们组织家长期末考试，是想通过家长回答每一道考题，达到帮助他们反思教育行为和教育观念的目的。我相信，因为有了这场特殊的家长期末考试，孩子的假期生活一定会有变化。

（7）地点多变化——代替单一教室

期末家长会一般都是在教室里召开，气氛严肃，内容单调。其实，我们完全可以把期末家长会的召开地点变得多样化，把家长会开得有情调、有温度、有生机。

有时候，我们会在图书馆里开期末家长会，这时的家长会就是读书交流会；有时候，我们会到休闲的长廊上开家长会，在相对轻松的环境下，大家可以畅所欲言；有时候，我们会到公园里开家长会，教师和家长们一起促膝谈心，不由自主地就拉近了心灵的距离；有时候，我们会到学生家里开家长会，大家一起包饺子、拉家常，家长会充满生活的烟火气；有时候，我们会在操场上开家长会，学生展示才艺，又跑又跳，还会说唱；有时候，我们会到山野里开家长会，大家一起野炊，孩子和家长们参加亲子比赛，我们把家长会开成美食会，家长吃着美食，互相交流着教育经验，其乐融融，乐而忘返。

期末家长会已经变成了花样喜乐会了。在心情舒畅中，在欢声笑语中，大家的交流更加自由、更加深入，家长会也更加有实效。

（8）家族茶话会——代替常规讲解

期末家长会还可以从内容方面加以拓展。我们可以把家长会提升为家族文化的传承会，家族故事的宣讲会，家族榜样的学习会……。通过召开家族茶话会，激发学生热爱家族的情感，增加大家的家族自豪感和家族使命感，提升大家的家族责任感，并落实在行动上。

首先，在“家族故事大家讲”环节，家长和学生侃侃而谈。厚勇讲了自己“刘”姓的由来，大家听得津津有味；兴美爸爸讲了自己家里几代人分家的故事，让我们明白了“家和万事兴”这一简单又厚重的哲理；兴林爸爸讲了家里祖辈的故事，带我们领略了老一辈人的艰辛；侯永妈妈讲了自己带孩子的故事，大家听得潸然泪下。

然后，在“家族榜样我来学”环节，同学们也打开了话匣子。有的说自己的家族榜样是堂哥，有的说自己的家族榜样是奶奶，有的说自己的家族榜样是爸爸。谈到榜样的故事，同学们一个个激动不已；聊到家族的骄傲，同学们更是神采奕奕。在同学们的分享中，家族榜样奋斗不息的精神已悄悄地在大家的心里扎根了。

接着，在“家族精神我来传”环节，不同家庭更是各有千秋。“做事坚持不懈，为人要正直，对人要诚实”是弘涛家族的精神；“把木具做好，不要让一块好木头毁在我们手里”是有涛家族的传统；“诚实、上进，不做损人利己的事情”是万鑫家族的家训。从一辈人到几代人，从感性故事到理性思考，家长会慢慢成了家族精神文化的传承会。

最后，在“家族使命我行动”环节，家长会完成从家族精神到家族使命的升华，并真正与实际结合在一起，达到指导学生假期行动的目的。大家意气风发，挥斥方遒。特别是旭洋的几句古体诗引来一致称赞——“贤良光昌本宗绪，成家开国卓树荣”。他说：“我要好好规划假期，为自己的家族使命而努力。先从做好作业这件小事开始，争取以后考上理想的高中。”

当我们的家长会和家族文化融合在一起的时候，家长会已经变成了承载着厚重历史文化底蕴和内涵的家族会。当学生用自己家族的每一份正能量激励自己实际行动的时候，当他们不负韶华为自己家族增光添彩的时候，家长会更深刻、更宽广的意义就实现了。

19 亲子互动营

——用体验活动打开亲子沟通密码

经常有家长向我诉苦，抱怨自己的孩子要么不听话，不愿和父母交流；要么就是交流中只要三句话不合心意，孩子就闹得鸡犬不宁。可见家长和孩子在亲子沟通中容易出现问题。

如何解决这一问题呢？这需要双方彼此了解、互相尊重、换位思考，只有这样才能走进对方的内心。为此，我们组织了亲子互动营，让大家在野外通过各种体验活动打开沟通的密码。

（1）做一张“共同努力卡”——爸爸妈妈，我打分

在亲子互动营开营前，学生给父母做一张“共同努力卡”。其中有四个栏目：“我给爸爸妈妈的陪伴打分”“爸爸妈妈的优点和缺点是什么”“我期待爸爸妈妈怎么做”“我对爸爸妈妈的承诺”。学生给家长送卡片的目的是帮助家长更理性、更清晰地了解亲子沟通存在障碍的原因。

设置“我给爸爸妈妈的陪伴打分”栏目是为了让家长重视孩子的精神需求。果然，学生打出的分数各不相同，陪伴孩子时间较多的家长分数偏高。王奇说：“我给妈妈打 90 分，给爸爸打 70 分，因为妈妈陪伴时间长。”家长们看到后有所触动和反思。不经意间，一个小小的分数评价引起了家长们内心的波动。

设置“爸爸妈妈的优点和缺点是什么”栏目是让家长明晓自己的优点和不足之处。方红说：“我妈妈的优点是每天陪我学习，为我解答疑惑；缺点是脾气暴躁，对我不够温柔。”有的学生说：“我爸爸的优点是

勤奋，他是我勤奋学习的榜样，缺点是爸爸只关心我的学习。”当家长们拿到“共同努力卡”，看到孩子的评价时，有的忍不住扑哧一声笑出来，有的低头沉思，各种滋味涌上心头。

设置“我期待爸爸妈妈怎么做”栏目是让家长知道孩子的内心需求。有的学生说：“我期待爸爸妈妈能多陪陪我。”有的说：“我期待爸爸妈妈平时少生气。”有的说：“我期待爸爸妈妈少看手机。”有些家长看到孩子的期望，变得不好意思起来。

设置“我对爸爸妈妈的承诺”栏目是让家长感受到宽慰，有利于亲子互动。有的孩子承诺：“我以后不和你们顶嘴了。”有的说：“我发誓，一定认真做作业，不让爸爸妈妈操心。”孩子的每一份承诺，都让家长喜上眉梢。

（2）写一封亲子互动信——我的心声，告诉你

在亲子互动营开营前，我还让学生给自己的爸爸妈妈写一封信表达心声。自己平时不便或不敢说的话，都可以通过文字的方式表达出来。家长看完后再回一封信，完成亲子互动。为了写这封表达心声的信，大家可谓用心用情。

学生精心制作的信封风格各异、五彩斑斓。有的设计出动物头像的信封，有的设计出具有中国古典风格的信封。

信件内容更是丰富多彩。有的同学表达了自己对爸爸妈妈的感恩：“您是那个在我茫然无助时向我伸出温暖之手的人，您是那个在我遇到困难时向我伸出援助之手的人，您是那个在我伤心难过时给我送来温暖、安慰的人……，就算您再困再累也坚持陪伴着我，等我写完作业才去睡觉，每天早上还叫我起床，给我做早饭。”有的同学在信件中表达了自己的想法：“我觉得有时您是一个严父，有时您又像一个小孩儿。有时上一秒我们还在开开心心地聊着什么，但是下一秒您就可能批评我。我们之间的沟通存在很大的问题。”平时孩子们不好意思当面对着父母说出的

话，通过信件传递出了不一样的情感。

拿到孩子写的信后，家长们兴致盎然地看着信，然后饱含情感地给孩子写回信。学生声情并茂地读着家长写的回信，大家沉浸在一片温暖的啜泣声中。

沟通在信件中无声无息地进行着，亲子关系也慢慢地变得融洽起来。

（3）来一场现场“答记者问”——我们心中，有困惑

在亲子互动营现场，我们开展了一场“答记者问”活动，学生可以现场向家长提问。

红旗同学以主持人的身份，抛出了这场“答记者问”的第一个问题：“请问爸爸妈妈，你们理解自己的孩子吗？”

张博妈妈立刻举手回答：“我觉得我还是很理解我的孩子的。虽然他的成绩不是很理想，但是我认为我的孩子是最棒的，因为他在努力。”旁边的张博感激地看着妈妈，嘴角不由自主地上扬。

红志妈妈也马上接过话来：“我们父母也有父母的烦恼哇，作为妈妈，我把所有的心思都花在了孩子身上，可是他却不理解我。”红志妈妈叹着气。“妈妈，我也在努力，可是您给我的压力太大了。”红志低着头，表达着自己的苦恼。“我知道您希望我成绩优异，可是您只关心我的考试分数。我考差了您就骂我。我好想听到您对我的安慰和鼓励呀。”红志流着眼泪倾诉着。红志妈妈顿时惊呆了，她从来没有听到红志这发自肺腑的心声，今天却在“答记者问”中听到了。

在“答记者问”活动中，家长和孩子表达着自己的心声，倾诉着自己的烦恼，“答记者问”活动也架起了亲子沟通的桥梁。

（4）演一场互换角色戏——我当孩子，你当家长

在亲子互动营活动中，首先我们开展了“亲子现场情景剧”活动：

表演一个家庭场景，孩子当父母，父母当孩子，双方互换身份扮演对方。

周涛和妈妈上场了，母子俩表演了一场孩子在家里玩手机的情景剧。妈妈学着孩子平时在家里的样子，拿着手机聚精会神地玩着。孩子学着妈妈的样子，走上前来，语气严厉地说："你整天就知道玩手机，你什么时候做作业？"妈妈像孩子平时一样，漫不经心地说："等一会儿，我把这个游戏打完就做。"孩子模仿妈妈的行为，一个箭步冲上来，抢走妈妈手里的手机。一场家庭冲突就此展开。

当母子互换身份扮演对方，还原这场家庭冲突时，他们既感受到了对方的心情，也理解了对方的行为。

然后，台下的家长和学生对情景剧进行现场评论。在评析讨论中，大家逐渐明晰了达成共识的办法。

最后，大家商讨出解决亲子手机矛盾的方法：家长给孩子规定玩手机的时间，理解孩子的内心需求；孩子不能做手机的奴隶，要信守承诺；双方严格按照规定执行。

常见的家庭冲突通过表演、体验、讨论三个环节，最终得出令亲子双方都满意的解决方案。

（5）玩一次"盲人跛脚"游戏——父母的爱，永远在

沟通是双向的，我们如何让学生感受到父母的关爱呢？

在亲子互动营活动中，我们玩了一个"盲人跛脚"的游戏。在宽阔的草丛里，学生把眼睛蒙上装扮成盲人，父母扮演跛脚的人，我们设置了起点和终点，并在路途中间设置了障碍。比赛规则是孩子背着父亲或母亲行走，父母指挥孩子避开障碍物顺利到达终点，先到达终点的小组获胜。然后，父母和孩子互换角色，再进行下一轮比赛。

比赛的哨声响起，背上的爸爸或者妈妈指挥着自己的孩子如何转弯，如何行走。不一会儿，有的学生就垂头丧气地说："哎呀，我受不了了。""我背不动了。"孩子们累得精疲力竭。比赛中途，有的学生实在

承受不住，便把背上的父母放下来了。

我把这一切都看在眼里，但我不动声色。等第一轮比赛结束，我低声说："同学们，下面我们和父母互换，父母扮盲人，你们扮跛脚的人，父母背你们，看看你们的爸爸妈妈能不能坚持到终点。"

"哇，我这么重，我的妈妈这么瘦小，她是背不动我的。"班上个头较大的王勇说。

"我妈妈背得动我？我表示怀疑。"王艺噘着嘴说。

看着一个个壮实高大的学生，我低声说："父母背不背得动，大家试一试就知道了。"

于是，爸爸妈妈们被蒙上了眼睛，整装待发。比赛哨声一吹响，孩子们就大声地指挥着自己的爸爸妈妈，只见爸爸妈妈们艰难地背着孩子一步一步地挪动着，一段路，两段路……有些爸爸妈妈步伐沉重缓慢，孩子开始心疼起来，想从背上跳下来，可是坚强的爸爸妈妈们却在孩子们的呐喊声和鼓励声中，一步步艰难地挪到了终点。

比赛结束后，所有学生都沉默了。他们没有了刚才趾高气扬的样子，有的甚至抱着自己的爸爸妈妈抽泣起来。

此时，我深情地说："同学们，大家想想，为什么父母能坚持背着你们走到终点，而你们却不能呢？除了体力因素以外，我想更重要的是因为，父母的付出永远是无私的，父母对我们的爱永远超过我们对他们的爱。"我观察着学生的表情，动情地说，"当我们和父母顶嘴的时候，大家是否想过，他们一直无私地爱着我们呢！"此时，很多同学惭愧地低下了头。

"同学们，请相信，在这个世界上，我们的爸爸妈妈对我们的爱是最无私的。当有一天我们的爸爸妈妈走不动的时候，期待你们能像今天他们背着你们一样，坚强地背着他们走下去。"学生安静地听着，眼神变得坚定起来。

因为搭建了亲子互动营，我们班级可以不定期地举行亲子互动的体验活动。慢慢地，家长和孩子之间的亲子关系得到改善，大家渐渐学会聆听对方、尊重对方，也懂得换位共情、智慧表达等相处艺术。

20 快乐家访团

——让家访成为美丽行走的约会

家访是班主任的一项重要工作。传统的家访是班主任单独或者和一两位老师一起上门反映学生的在校情况，并寻求家长支持，反映的多是学生身上存在的问题。传统的家访是否有效？学生是否喜欢？

据调查，学生对班主任家访是既兴奋又害怕。有的学生甚至在家访前告诉我："老师，千万别跟我家长说我在学校不好的表现哦！"看得出，有些学生对家访有着不可名状的焦虑。不做说教式家访，不做告状式家访，如何让家访成为一场美丽行走的约会呢？我们班成立快乐家访团，进行了趣味家访。

（1）同伴家访团——把家访变成欢乐聚会

同伴家访团是指由班级的同学组成家访团，一起去所访家庭。同伴家访团的成员既可以是所访家庭附近的学生或所访学生的好朋友，也可以是班级的小组成员或班干部，愿意参加的同学都可以自由加入。

一大群同学一起家访，同学们一路上谈笑风生，很是兴奋。"老师，我觉得你和我们一起出门，就完全不是老师了，而是一个姐姐！""老师，我感觉这样好好玩哟！"同学们在路上又蹦又跳，心理处于一种完全放松的状态。这哪里是一场家访，分明就是一场欢乐的聚会。

到了同学的家里，学生们更是欢呼雀跃。有的学生说："我提议，我们每到一个同学家里，第一件事就是参观他的房间，呵呵呵……"一群学生神秘地笑起来。有的同学大呼"不行不行"，有的同学眉飞色舞地表示赞同，最后大家形成一致意见：看看别人的房间，对自己以后收拾房间也是一种督促呢！

家长们很热情，拿出点心、水果。同学们边吃边聊。家长们兴高采烈地问："我家孩子平时的表现怎么样？"整个屋子里顿时像炸开了锅，大家你一言我一语地争着说出该同学平时的奇闻趣事，好不热闹。被家访的同学一会儿急得脸红到脖子根儿，一会儿开怀大笑，整个过程没有一丝尴尬。

谈笑间，家长已经了解自己孩子的表现。我再总结几句，家访的目的就在欢声笑语中达成了。

我们离开的时候，家长们总会端着水果和零食，让每个同学都带一点儿。同学们先是有些腼腆，继而不再客气，一股脑儿地抢起来，还不住地说："老师，我以后也要当老师，家访好好玩哟！"

同伴家访团不但减轻了同学们的家访焦虑，而且让家长全面了解到自己孩子的情况，同时，还增加了同学、师生、亲子、家长和班级同学之间的感情，同伴家访已经变成了一场欢乐聚会。

（2）家长家访团——把家访变成解惑沙龙

我们还邀请了学生家长一起家访，和家长们一起组成家长家访团，家访其他家庭，交流科学有效的育儿方法。

这不，我们家访了高鹏家庭后，高鹏爸爸就和我们一起家访下一个同学家庭。所访家庭的家长们看到同学的家长也来了，满脸的惊喜，也更加热情。

家长们聚在一起，互相交流着自己孩子的情况，诉说着自己的困惑。

赵爸爸有些无奈地说："我儿子整天玩游戏，真是头疼。"

高鹏爸爸开导赵爸爸："确实是这样，孩子只要上瘾，你就难以把控。你把智能手机换成老年机，或者家里没网络，他们就没办法玩了。"两位家长聊得热火朝天，互相交流着自己管理孩子的办法。最后他们对孩子玩手机上瘾的问题还商量出了满意的办法：设定上网时间，把智能手机换成老年机。悄然间，家长管理孩子的困惑在家访聊天中顺理成章地解决了。

几个家长还想到陈昆家里去家访，因为陈昆在学习上一直很自觉，家长们想去拜访一下，看看陈昆的父母在教育孩子方面有什么秘诀。

到了陈昆家，大家看到陈昆一家母慈子孝，其乐融融。陈昆勤快地忙上忙下，陈昆的爸爸妈妈对陈昆的奶奶很是孝敬，奶奶一脸的幸福祥和，这样的场面无声地诉说了大家想了解的一切。

家长家访团营造了家长之间互相学习的氛围，家长家访变成了一场答疑解惑的家长沙龙。

（3）教师家访团——把家访变成逆袭机会

有时我们会邀请科任教师一起去家访。科任教师在谈起同学某个学科的学习状态、学习情况时，显然会比班主任更加深入，也更能对症下药。

比如，我邀请英语教师一起家访，英语教师可以与英语学习比较吃力的学生交流。学生先谈谈自己平时的学习困惑，英语教师根据学生的情况，分析他学习吃力的原因，然后一起商量改进的方法，最后学生心悦诚服地接受了教师的建议。

把学生在学校里暴露的问题放到家里来谈，换个地方，换个人来说，教育的效果会大不一样。

有一次，我邀请心理辅导教师一起去家访班上一个爸爸刚去世不久的女同学。当我和心理辅导教师一起来到女同学家里时，女同学的眼泪顿时夺眶而出，女同学的妈妈也极力压抑着内心的悲痛。看着女同学家里满目凄凉，我也不禁簌簌地流下眼泪。还是心理辅导教师专业，他现场对女同学进行了心理安慰和心灵按摩。女同学把郁积在心里的痛苦一股脑儿地宣泄出来，内心的阴霾也随之慢慢散去。

教师家访团是家访的助推器，让家访达到了改变学生学习状态的效果。

（4）爱心家访团——把家访变成暖心行动

有时候，班级教师和学校领导一起组成爱心家访团，家访家庭有困难的学生，把温暖送到学生的家里。

我们带着慰问品，包括大米、食用油、牛奶等在内的各种生活日用品，一起来到贫困学生小红的家里。小红的爸爸不在家，只有妈妈、奶奶在家。看到小红家里家徒四壁，我们都沉默了，心里很不是滋味。

小红妈妈看见爱心家访团来了，激动地拉着我们的手，一直不停地抹眼泪。小红奶奶谈着小红在家里勤快懂事的情况。小红在一旁咧着嘴，害羞地笑着。好一个淳朴的学生！老师不停地表扬小红在学校的表现，学校领导一直对小红家人嘘寒问暖，整个房间氤氲着温暖的气息。

去小红家里家访，我和爱心家访团成员都深受震撼。返回的路上，大家感慨着小红的乐观，商量着今后要给予小红更多的帮助和关爱。

把家访变成心灵的呼唤、情感的交流、爱心的传递、快乐的交汇、成长的蜕变，家访的乐趣和实效就增加了。家访已不再是让人疲倦的工作任务，而是变成一种享受，成为一场美丽行走的约会！

21 家长加油站
——让家长为孩子的成长保驾护航

苏霍姆林斯基曾说："教育的效果取决于学校和家庭的教育影响的一致性。如果没有这种一致性，那么学校的教学和教育过程就会像纸做的房子一样倒塌下来。"通过调研，我发现大部分家长因为忙于生计，对孩子的教育方式简单粗暴，他们既不懂得如何关心孩子，也很少参与学校管理。我该如何帮助家长成长，搭建家长与教师之间沟通的桥梁，调动家长参与学校管理的积极性呢?

(1)私人定制奖——看看孩子有多懂事

很多家长平时由于忙于生计，忽略了与孩子的情感沟通。此时正赶上期中考试后的家长会，这是学生读初中后的第一次家长会，家长对孩子的成绩有很高的预期。如果家长的心理预期和孩子的实际成绩相差较大，那么家长就会有强烈的心理落差，所以此时教师帮助学生拉近他们与家长之间的心理距离就尤为重要。

我提前要求学生给父母制作一份特别的奖品，然后再写上"爸爸(妈妈)，我想对您说"。为什么这样设计呢?通过学生给父母评奖，让家长不仅能体会到孩子对自己的感恩，还能深切感受到自己孩子的懂事。当家长感受到孩子的进步时，亲子之间的距离自然就拉近了。

同学们制作的奖品精彩纷呈。在奖项方面，有"最好妈妈奖""辛苦爸爸奖""最佳劳动奖"等。在形式方面，有的同学做成信封，有的同学做成奖状，有的同学用图画渲染……。在"爸爸(妈妈)，我想对您说"

的内容方面，有的同学表达了自己对父母的敬爱之情，有的同学向父母倾吐了心声，有的同学就期中考试谈了自己的想法。

班上一个叫红莲的学生这样写道："妈妈，您不让我玩手机，而且每天都唠叨，虽然有点烦，但是我知道您是爱我的，所以我给您发一个'最好妈妈奖'。感谢您把我带到这个世界上来，把我养育这么大，您是一位伟大的母亲。在我成长的道路上，您一点点地纠正我、鼓励我，您对我的好，我会永远记在心里。这次期中考试我考得那么差，我很伤心，我知道您也很伤心。但是，请您相信我，我一定会努力的，期末考试我一定给您一张满意的成绩单。以前我从来没有表达过对您的爱，今天我想对您说：'妈妈，我爱您！妈妈，您辛苦了！'"班上其他同学类似的表达很多。

当我把同学们制作的奖品和"爸爸（妈妈），我想对您说"放在桌子上时，家长们迫不及待地翻找，认真看着，或沉思，或微笑。一位家长拿着孩子写的"奖状"，甚至失声痛哭，她说："在这之前，我看到孩子的成绩那么差，一直很气愤。可是，今天当我看到孩子给我写的话时，突然发现我的孩子原来如此懂事，我太感动了！"

我不失时机地引导："尊敬的家长朋友，我们要相信自己的孩子，他是爱我们的。在这个世界上，哪怕所有人都不喜欢他，我们都没有理由讨厌他，因为他是我们的孩子，我们一定要无条件地接纳自己的孩子。"

一个小小的奖品，几句发自肺腑的话语，学生对父母的爱被看见。这样不仅拉近了孩子与父母之间的距离，还让教师走进了家长的心灵深处。

（2）现场批改作业——了解孩子在学校的真实情况

家长到学校来想了解什么？当然是孩子在学校做了什么，孩子的学习情况如何。想让家长了解孩子在学校的真实情况，与其由教师逐个评价孩子的表现，不如让家长现场批改孩子的作业。

那天，我有意按照字词在课文中的顺序报听写，因为这样方便家长对照课文批改听写，减少现场批改听写的难度。

我说："尊敬的家长朋友们，大家是不是很想了解自己孩子在学校的学习情况？其实，您批改一下孩子的作业就明白了。"

我把当天的听写本发下去，然后告诉家长批改页码，并指导他们逐个词语进行批改。突然，有个家长惊讶地喊出："老师，我家孩子的听写本怎么没有发？"

我微笑着说："那说明您的孩子没有交作业本呀！"家长如梦初醒，愤愤地说："真没有想到，我的孩子居然在学校不交作业。"我不动声色，静静地等待家长们慢慢了解自己的孩子，这远远胜过教师的单方陈述。

有的家长毫不掩饰，一边批改，一边叹气。有的家长镇定自若，一边检查，一边沉思。我趁热打铁："从孩子听写的情况，您大致就可以看出，您的孩子上课听讲是否专注，作业是否认真，复习是否有效。"

也有少数家长，一直都不知道该翻到第几页，不知道该怎么批改。我便走上前关切地说："如果确实不知道怎么批改，您就看看字迹的工整程度。"随后，我轻轻告诉他们："下课后，我批改给您看。"

让家长体验一次现场批改作业，既能帮助家长了解孩子在学校的真实学习情况，也能为教师和家长的顺畅沟通做好铺垫。

（3）一切用照片说话——老师眼中的我的孩子

接下来，我要谈谈同学们的表现了。我是逐个同学地谈吗？不，一切用照片说话。我想让家长明白，教师的心愿与家长的心愿是一致的，教师对同学们也有着深厚的爱与殷切的期待。我把同学们平日里的照片收集起来，在家长会上和家长一起翻看照片。

第一步，出示我和同学们日常相处的照片。我把我和同学们的自拍照，我查寝室的照片，同学们上课及日常作业的照片一一展示出来，告诉家长："我和您的孩子相处得很融洽，请相信我，我会用全部的爱去呵护您的孩子。”

第二步，出示同学们平日里点滴进步的照片。我把同学们每次作业、每次听写、每次活动中表现优异的拍照记录并逐一播放出来，我说：“这是听写满分的同学。”“这是写日记认真的同学。”“这是写作业进步最大的同学。”一张张照片诉说着同学们日常学习生活的点点滴滴。家长们聚精会神地看着，努力寻找着自己孩子的身影。

第三步，出示同学们前后变化对比照。我把一个同学的作文照片放出来，上面的作文只有几行字。我幽幽地说：“这是一个同学第一次写的作文。”然后，我发出一个月后那个同学的作文照片，作文纸上已经写得满满当当。我兴奋地说：“其实，每个孩子的潜能都是无限的。只要家长对孩子足够用心，相信您的孩子会比您想象的更优秀！”

我利用照片，让家长对自己的孩子充满信心，从而调动家长参与学校管理的积极性。只有这样，才能有效开展家校的深度合作，才能真正体现教育的无穷魅力！

（4）心理体验游戏——我该怎样教育我的孩子

因为有了批改作业的体验，家长基本上了解到自己孩子在学校的真实情况，也明白了教师对孩子的期待，从而建立了对教师的信任。所以，接下来，我就开始引导家长提升自己的家庭教育水平。

我说：“尊敬的家长朋友，我们该如何与孩子相处呢？我需要三位家长配合我！”我的话音刚落，就有几位家长主动举手。我请三位家长走上讲台，并排站着。

我拿出写着“你真能干”的语言牌递给左边的家长，用欣赏的眼神看着他，赞叹地说：“你真能干！”左边的家长笑靥如花，甜甜地说：“谢谢！”接着，我把写着“你太笨了”的语言牌递给右边的家长，故意冷冷地说：“你太笨了！”右边的家长怯怯地接过语言牌，尴尬地笑笑。

我继续送语言牌给左边的家长，高声说：“你真讨人喜欢！”左边的家长笑得更加灿烂，眼神里满是感激。然后，我转过身，对着右边的家长有些厌恶地说：“你真惹人厌！”右边的家长有点儿不愿接过语言牌，眼神开始回避我。

我再次送出语言牌，对着左边的家长说：“你真漂亮！”左边的家长情不自禁地挺直了腰，昂首挺胸地站着。接着，我对着右边的家长低低地说：“你长得真丑。”右边的家长开始抗拒接过语言牌。

我环视教室四周，教室里一阵沉默。我不动声色，然后开始采访左边的家长：“此时您有什么感受？”左边的家长开怀大笑道：“被鼓励、被赞扬的感觉真好！”此时，我提高声调说：“是呀，人人都希望得到别人的鼓励和赞扬，我们的孩子也不例外，当我们不断地鼓励孩子的时候，他的心情就会变得更加愉快。愉快愉快，只有心情愉悦了，学习才能快乐呀！”家长们仿佛若有所思。

接着，我采访右边的家长：“您的感受呢？”家长嗫嚅着，低声说：“我感觉越来越自卑，肯定是不高兴的。”我会意地笑着说：“如果我们的孩子总是被我们否定，他是不是会变得越来越不自信？所以，尊敬的家长朋友，请多给孩子一些肯定的评价，少一些负面的评价，这样您的孩子才会越来越自信！”

整个过程中，我对中间的家长一直不理不睬。中间的家长早已按捺不住，急切地问：“那我呢？”我莞尔一笑：“您现在有什么感觉？”“被人忽略的感觉不好受哇！”中间的家长一脸委屈。我顺势说：“对，尊敬的家长朋友，如果我们因为忙碌而忽略了孩子，忘记关心他了，那么他就不会变成我们预想的样子。”

此时，教室里一片沉寂，既而，爆发出雷鸣般的掌声。在掌声中，我明白，家长们已经知道该用什么样的方式教育自己的孩子了！

1 2 3
4 5 6
7

第六章

趣味青春期教育：

谁的青春不迷茫

22 青春期形象解码
——形象就是我们的名片

青春期的学生爱好体验，喜欢探索。他们希望自己有个性、被关注，再加上这个年龄阶段的学生叛逆心逐渐增强，因此他们盲目追求时尚，喜欢穿奇装异服。父母或教师越是否定他们的服饰和形象打扮，他们越不会改变自己的服饰和形象打扮。

如何帮助学生树立正确的审美观？我们班级开展了“形象就是我们的名片”活动。

（1）形象知多少——设计问卷调查

首先，我设计了一个关于中学生形象的问卷，以此了解学生的所思所想。问卷的内容简单明了：

①你关心自己的外在形象吗？
②你觉得理想的中学生形象是什么样子的？
③你现在对自己的外在形象哪儿不满意？
④你准备通过什么方式修炼外在形象？

问卷调查完毕后，我对问卷的结果做了分析和总结：

①你关心自己的外在形象吗？一共51个学生作答，其中48个学生表示关心，2个学生表示有一点儿关心，1个学生表示不关心。由此可以看出，班级大多数学生已经开始关心自己的外在形象了。

②你觉得理想的中学生形象是什么样子的？有的同学认为，要简约大气，不失风度，符合标准，贴近时尚。也有的同学认为，应该剪标准的学生头，穿衣服不张扬，看起来给人舒服的感觉，穿着打扮不要太非主流。还有的同学认为，要不拘束，大气优雅而不失庄重，阳光帅气而不张扬。比如，男生头发不能太长，衣着要整齐；女生要扎高马尾，着装不能暴露。

③你现在对自己的外在形象哪儿不满意？有的同学说没有，有的同学说气质上。这说明大部分学生没有觉得自己的外在形象不合时宜。

④你准备通过什么方式修炼外在形象？大多数学生都表示很茫然，不知道如何修炼，不知道怎么改变，只有少数几个同学表示准备通过打扮的方式去修炼。由此可见，大部分学生还不知道如何提升外在形象。

（2）细节决定印象——体验纽扣实验

行为学家通过研究发现，两个人第一次见面后的印象一般在6秒内已确定。细节决定一个人给他人的印象。为了让大家重视细节，我和同学们一起体验了纽扣实验。

我安排一个穿衬衫的男生上台。我说："同学们，现在我们来关注一个细节。"大家满是好奇，兴致盎然。

我让男生把衬衫纽扣全部扣上，然后问："同学们，你们看，这个时候他给人什么印象？"

"有点儿古板。""有些拘谨。"大家七嘴八舌地回答。

我不动声色，让男生解开衬衫领口的第一颗纽扣，继续问："现在呢？"

"温文尔雅。""开朗。"同学们争先恐后地回答。

我又让男生解开衬衫的第二颗纽扣，男生下意识地把衣服拉拢，我安慰他："不怕，我们在做实验。"有的同学捂着嘴悄悄地笑了。

"现在有点放荡不羁的感觉了呢！"有个同学抢着说。

我要求男生自己解开第三颗纽扣，他用手紧紧抓着纽扣，全班同学笑得前仰后合。“有点我是流氓我怕谁的感觉，是吧？”我故意问道。全班同学先是一片哗然，既而一阵哄堂大笑，大家纷纷表示赞同。

“同学们，可见服饰的细节就可以决定一个人给别人的印象。”此时，我变得严肃起来，“所以，你的形象不仅反映了你的外表，而且决定了你给别人什么样的感觉，给别人留下什么样的印象。”我故意停了一会儿，接着说，“你的外在形象就是你的修养。男同学的形象打扮需要稳重，给人可靠、有力、聪明、能干的感觉。女同学的形象打扮需要得体，让人透过你的外在形象，留下干净、温和、优雅、积极的印象。”

（3）符合身份最佳——评选标准形象

接着，我搜集了问卷中关于“理想的中学生形象”的评价标准，把出现频率较高的、大家共同约定的标准出示出来：

整体形象：大气优雅而不失庄重，阳光帅气而不张扬，朴素而不失活泼，时尚而不非主流。

发型标准：干净利落，符合身份。

服饰标准：朴素整洁，方便运动，符合身份，不穿奇装异服。

气质标准：成熟，自信，沉静，阳光。

我决定用这样的标准来评选“班级形象大使”。

听说要评选“班级形象大使”，学生十分兴奋，班级气氛热烈沸腾。

“李文杰的发型和服饰非常符合。”一个同学推荐道。

“大家要说出原因。”我引导着。

“他的发型是标准的学生头。”“他的衣服是标准的运动服，既朴素又方便运动。”同学们异口同声地说着，李文杰不好意思地低着头。

“老师，我觉得我符合。”王亿同学自信地说道。

"你的发型好像不符合。"一个学生高声说道。

"我觉得挺好的呀！"王亿潇洒地甩甩头发。

"你的头发太长了。""你看你的头发盖住了前额，整个人就不精神了。""你的脸有点儿小，把脸露出来会显得更有精神。"同学们你一言我一语地讨论着。

青春期的学生比较在乎同伴的评价和看法，因为有了共同约定的评价标准，所以"班级形象大使"的评选公正而客观。学生也在潜移默化中明白了自己形象方面需要改进的地方。

（4）提升形象方法——打造形象名片

当然，要让学生懂得如何提升形象，除了要有想法，还要有方法，所以我们决定教会学生在思考中探究解决问题的方法。于是，我先与学生共同讨论出"修炼形象的基本方法"。具体如下：

①头发剪成短发，干净利落，清爽干练。

②服装要整洁，没有异味。

③衣着要符合中学生标准，注意身份、场合、时间。

④精神要饱满，需要坚持锻炼身体。

⑤心态要积极，时刻保持自己的健康心态。

集体商讨出"修炼形象的基本方法"后，每个同学再根据自身情况提出"量体裁衣个人修炼法"。这一次大家提出的修炼方法已经不似问卷调查时那么简单了，而是结合自己的实际情况进行了深入思考。有的同学说自己身材有些胖，需要多锻炼；有的同学表示周末将去理发店理发；有的同学决定开始进行内在的修炼，力求保持内心深处的安静，努力做到不抱怨，时时保持充满激情、阳光的样子。

最后，我微笑着告诉学生："形象就是我们的名片，我们除了要重视形象名片，还要努力塑造好我们的品牌名片。因为青春期形象不仅仅包括服饰形象、言谈举止，还包括品格个性、学识能力等。同学们，我们一起努力修炼吧！”学生的眼睛里闪着亮光，纷纷叫好。

23 青春期早恋困惑引导（一）

——拒绝早恋的能力

随着生理发育的日趋成熟，再加上受到外界影响，处于青春期的学生容易对异性产生朦胧的情感。面对跃跃欲试的青春期学生，教师该怎么办呢?

我一直认为与其堵塞，不如疏导。因为，让学生懂得爱、学会爱更重要。所以，在学生想谈恋爱的时候，教师应该让学生懂得，谈恋爱也是需要学习的，需要具备拒绝早恋的能力和拥有真爱的能力。

首先我和学生谈的是拒绝早恋的能力。

（1）谈论班级现象——引出话题

一天，我兴致勃勃地来到教室里说："同学们，今天班会课的主题是'我想谈恋爱啦'。"顿时全班哗然，有的同学露出神秘的笑容。

我不动声色地说："同学们，不要不好意思。有的同学就是想谈恋爱了，只是不敢说出来而已。"有的同学猛烈点头，表示认同，教室里发出一阵窃窃私语。

我接着说："有的同学是准备谈，只是暂时还没有找到合适的对象而已；有的同学是悄悄谈，不会让老师知道的；有的嘛，呵呵，表面上没有谈，其实心里早就想试试了。当然，也有的同学心思很稳定，不会轻易迈出这一步。"

"老师，我就没有想，我想的就是怎么打游戏。"一个男生站起来说。

"呵呵，那你就是在和游戏谈恋爱。"我打趣地说道。

“老师，有的同学一会儿找这个表白，一会儿找那个表白。他那样子就是想谈恋爱嘛！”一个学生说道。全班同学哄堂大笑起来。

我总结道：“同学们，谈恋爱就是寻找志同道合、白头偕老的终身伴侣。爱既是一种责任，也是一份尊重。男女双方都要对爱负责，而不能因为好奇、为了好玩儿，或者寻求刺激而谈恋爱。因此，谈恋爱需要具备两种能力：一是拒绝早恋的能力，二是拥有真爱的能力。”

（2）分析班级现象——面对现实

接着，我开始和学生分析班级出现的一些现象。

“老师，有的同学不喜欢别人，还和别人暧昧。”有个学生噌的一声站起来说。

“对呀，同学们，这类同学为什么会这样呢？”我问道。

“我觉得这类同学爱慕虚荣，觉得被人追求的感觉很过瘾。”有的学生看得很透彻。

“老师，我们不懂怎么拒绝别人。”“老师，我是怕得罪别人。”有的学生不好意思地说道。我明白了，一个不懂得拒绝方法的学生内心是茫然的。

我微笑着，听完大家的发言，总结道：“看来，班上出现这种现象的原因有很多。一是怕得罪别人。有些同学碍于面子问题，不好意思拒绝别人。二是怕影响人际关系。其实，这时的害怕就是懦弱、无能、自卑的代名词。三是不懂怎么拒绝。当别人表达好感的时候，有些同学不懂拒绝的方法和技巧。四是禁不住诱惑。有些同学虚荣心在作怪，一有人表达好感，就觉得自己有魅力。其实，抵抗诱惑的定力就是意志力。”

我顿了顿，继续引导学生：“诱惑考验着我们每一个人。对早恋说‘不’，不仅是自我保护的一种手段，而且是一种修养、一种觉悟、一种智慧。学会拒绝早恋既是对自己负责，也是对他人负责。”

(3)讨论一个案例——分析后果

然后，我在白板上展示出一句话：“当异性向你表达好感时，你要知道自己想要的究竟是什么，不要因为不懂拒绝而毁了自己的前途和人生，也白白浪费了他人的精力和时光。”

我接着说：“不懂拒绝会造成什么严重后果呢？我在网上看到这样一则新闻。”我出示了一则新闻标题：“引狼入室！90 后女生与单恋她的人合租，拒绝示爱被从 19 楼抛下”。学生顿时惊骇。

我继续说：“这件事发生在 2017 年杭州市某小区出租房内，当时受害人姗姗像往常一样正准备梳洗打扮。十几分钟后，她被合租的男室友薛某从 19 楼的阳台上推了下去。”有的同学哇的一声叫起来。

“但是这里有很多疑问！这个女生既然不喜欢男生，为什么还要跟他合租？这个男生追女生追了那么长时间都被拒绝了，为什么还是会找她？”很多学生提出了自己的疑问。

“没错，大家也发现了这些疑点，详细报道如下。”我出示了网络新闻中的一段文字：

薛某说，他和姗姗是高中同学、好朋友。从 2009 年高中毕业暑假开始就追了好多年，一直被拒绝。薛某说，从去了美国以后，两人的关系有点好转，主要是通过微信聊天。薛某说，还在网上给姗姗买礼物，寄给她。去年 12 月，薛某从美国回来时，也带了 COACH 的包和项链给姗姗。

“去年 11 月，她在微信上说给我机会，多了解考察一下。”薛某说，这以后两人并没有牵手等亲密行为，但薛某认为自己已经把姗姗当成女朋友。薛某说，自己寒假期间，为了追求姗姗，还安排去了南昌等地游玩。“我感觉她微信上对我还算热情，但是我到了杭州见了面后反而觉得她对我冷淡了。她说我们之间性格不大合适。”

去年寒假结束后，薛某回美国读书，并和姗姗继续在微信上联系。薛某认为，在微信上两人反而又亲密起来了。

我问学生："这个女生的问题出在哪儿？"

"这个女生既然不喜欢男生，为什么还收他的礼物？"一个同学提出自己的疑问。

"拜金女。"另一个同学嚷起来。

"这个女生为了利益，既接受男生的礼物，又和这个男生合租，这不是引狼入室吗？""她怎么还和人家聊微信？""她既然知道这个男生在追她，就不应该和他暧昧不清！"学生你一言我一语地议论开来。

我总结道："对，所以拒绝示爱的能力非常重要。我们要有勇气拒绝自己不愿接受或不值得的爱。面对一份不合适的爱，一定要拒绝得彻彻底底，分得干干净净。"

通过分析案例，学生懂得了拒绝示爱的必要性。

（4）如何拒绝别人——具体技巧

当然，教会学生具体的拒绝方法尤其重要。于是，我让学生通过互相讨论，掌握拒绝别人的具体技巧。

① 定力抵御诱惑法。遇到令自己心动的人，要知道自己该做什么，不该做什么。要有定力去抵御外界的诱惑，并将自己的注意力转移到重要的事情上来。

② 坚定拒绝法。拒绝一定要坚定，敢于大胆地说"不"，不要优柔寡断。只有这样才不会受到牵绊，才能找到自己真正的幸福和快乐。有时候不需要向对方讲明理由，直接说："对不起，不可能。"对方就会知趣地离开。

③ 陈述理由法。直接陈述原因，并尽量取得对方的理解。通常可以陈述大家共同认可的理由。

④ 他人转述法。找一个同学作为第三方，向对方转述你不愿意的想法，可能会更委婉一些。

（5）明晰注意事项——智慧艺术

我教会了学生拒绝的技巧，他们还需要懂得一些拒绝时的智慧艺术。于是，我和学生讨论了在拒绝别人时的注意事项。

① 违背基本做人原则和主流价值观念的事情，坚决拒绝。要有正确的思想和观念，要果断拒绝自己不认同的事情，要大胆拒绝有诱惑性的事情，并且态度要坚决干脆。

② 拒绝时注意自己的态度。不要在对方盛怒时拒绝，不要立即拒绝，不要无情地拒绝，不要傲慢地拒绝。

③ 要委婉地拒绝。微笑地拒绝，带着感激地拒绝，幽默地拒绝。

④ 要聪明地拒绝。要用合适的方法、合适的技巧，聪明智慧地拒绝，既保护自己，也尊重他人。

（6）特殊例子挑明说——解决问题

最后，我和学生分享了一些具体问题的解决方法。

问题：面对纠缠不清、态度暧昧的问题。

解决方法：大胆地拒绝。和对方保持空间和时间的距离。转移注意力，集中精力应对重要的事情，比如学习。

问题：面对性骚扰的问题。

解决方法：面对恶势力，坚决不能软弱。要保持头脑清醒，坚决抵制性骚扰，防止他人侵犯自己。如果不幸遭遇性骚扰，一定要告诉自己的家人，并积极搜集证据，严重时可以向公安机关报案。

问题：面对底线问题。

解决方法：男生、女生都要有交往的底线，不要随便突破自己的底线。对男朋友或女朋友的性要求，时机不成熟就不要答应。不要担心因为拒绝而被抛弃，如果真被抛弃，那么你应该感到幸运，因为真正爱你的人是会尊重你的意愿、保护你的身体的。

分享完后，我轻轻地说："同学们，爱是一种智慧，需要我们不断地去学习。所以在没有做好充分的准备之前，我们需要理智地思考、沉静地修炼，然后再决定要不要恋爱，好吗？"

教室里出奇地安静，窗外阳光正好……

24 青春期早恋困惑引导（二）
——拥有真爱的能力

在学生掌握了拒绝早恋的能力之后，接下来，我将给学生谈谈在自己想谈恋爱时必须思考清楚的一些问题。只有具备了必要的智慧，才能获得拥有真爱的能力。

（1）测一测——恋爱后的智商

班会课前，我打开 PPT，有的学生瞪大眼睛，神秘地笑着说："老师，是不是又要上青春课程？"

我嘿嘿地笑着说："是呀，这次我们讲谈恋爱需要具备的能力——拥有真爱的能力。"学生一听，瞬间精神抖擞、正襟危坐。

我说："同学们，在谈这个话题之前，我们先测一测智商。"

"测智商啊，我的智商 250。"有个男生高声说道，惹得全班同学哄堂大笑。

"我们这次可是测你的恋爱智商哟。"我笑着说，"下面是我在网上看到的一个爱情测试，现在测试开始！"我把测试题出示在 PPT 上：

① 你的心理年龄比实际年龄小吗？

是的，心理年龄很小——转②题

不是，比较成熟——转③题

差不多——转④题

② 你小时候喜欢轰轰烈烈的爱情，长大后向往细水长流的感情吗？

是的——转③题

不是——转④题

不知道——转⑤题

③ 你是不是经常分不清自己需要的是什么样的感情?

是的——转④题

不是——转⑤题

可能吧——转⑥题

④ 睡觉的时候，你是不是总感叹这一天又过去了，而自己啥也没做?

是的——转⑤题

不是——转⑥题

⑤ 宁静的下午，单身的你会更乐意去哪儿度过悠闲的时间?

逛街购物——转⑥题

阳光下发呆——答案 a

咖啡屋里看闲书——答案 b

⑥ 情人节晚上，你一个人去餐厅，周围全是情侣，你的表情会是?

淡定——答案 b

羡慕——答案 c

皱眉——答案 d

测试题出示完毕后，我再出示测试答案：

a. 恋爱智商：0

感情绝对是你的死穴，你一碰上它就会完蛋。原本冰雪聪明的你，在喜欢的人面前，话也不会说，事也不会做，傻里傻气的，简直就像是个小傻瓜一样。其实这只是反映出，你的内心渴望爱情，希望能遇到一个安定的人，让你不再漂泊。

b. 恋爱智商：50

智商没有及时跟进，不受伤才奇怪呢。有的人受伤一次，就能迅速长大，智商也提高。有的人无论受多少次伤，下次依然会奋不顾身，你就是如此。你愈爱愈深之后容易失去自己，容易因为冲动而爱错人。

c. 恋爱智商：100

你曾经挺单纯的，容易因为对方而改变自己，最后把自己弄得一身的伤。伤痕累累的你，渐渐地累了，恋爱的智商也就提高了。因为对爱情不再抱有幻想，不会再渴求轰轰烈烈的爱情，害怕自己会失望与受伤……所以你渐渐地学会了用理智去看待爱情。

d. 恋爱智商：120

你在爱情中的智商会随着年龄的增长而增长。你知道自己想要的是什么，你会一直深思熟虑如何改变现况，决心不再为恋爱而受折磨。这样的你，恋爱智商是很高的哦。

我一边出示测试答案，一边看着学生的测试结果。学生叽叽喳喳。我打趣地说："同学们，我们只是测着玩玩，不一定准确。"

"老师，很准。"有的同学使劲儿地点头。

"哈哈，看来有的题目触碰到大家心里的秘密啦！"我看着兴趣盎然的学生戏谑地说。

（2）举一举——身边人的例子

学生只有兴趣远远不够，他们还需要理性地思考才行。

我接着说："同学们，大家已经测了恋爱智商。如果恋爱智商不高，那么说明我们需要提高；如果恋爱智商足够高，那我们就继续提高。"

"哈哈哈……"教室里又是一阵快活的欢笑声。

"同学们，据不完全统计，学生时代谈恋爱，最后能走进婚姻，并且生活幸福的比例不高。"

"为什么呢？"有的同学疑惑起来。

"因为他们在还没有做好恋爱准备的时候就恋爱了，他们既不知道自己是什么样的人，也不知道什么样的人更适合自己。我们身边就发生过很多在不懂爱的年龄去谈恋爱而造成伤害的事例。”

“是吗？”有的学生更加疑惑起来。

“我身边就有这样的例子。”我开始和学生讲身边发生的真实故事，“有个女生上中学时开始与男生谈恋爱，后来两个人为了谈恋爱，不学习了。有一次，两个人一起骑摩托车出去玩，不幸遭遇了交通事故，女生受伤严重，后来成了植物人。”

“啊！”有的学生惊叫着。

“这个时候，发生了什么事情呢？男生消失了。大家看，这叫爱吗？”

“完全是渣男！”有个学生愤愤地说。

“后来，虽然女生在父母的精心照料下苏醒过来了，但是智力一辈子都有问题。这可是真正的智力有问题呀。”我严肃地说，“后来，这个女生和一个身体有点儿缺陷的男人结婚了，婚礼还是我主持的呢！但是结婚后没过多久就离婚了。”

“啊！”有的学生感叹着。

“同学们，谁愿意和一个智力有问题，价值观、世界观都与自己不在一个水平上的人长久相处呢？如果这个女生没有早恋，也许她的人生就会是另外一番风景。”有的学生开始长吁短叹。

讲完一个女生的事例，我又举了一个男生的例子。“我这里还有一个因为在早恋问题上处理不当而造成巨大伤害的例子。”我顿了顿，接着说，“这是很多年前的一个事件，也是我们身边真实的例子。两个男生同时对一个女生有好感，由于这个女生处理得不恰当，留下了无法弥补的遗憾。其中一个男生喊了一群人去打架，另一个男生独自背着一把刀，在公交车站发生了惨剧——背着刀的男生把另外一个男生杀死了。”

“老师，我知道，我爸爸在公交车站亲眼看到了这件事。”一个女生抢着说。

“是的，你看，一个男生失去了生命，另一个男生锒铛入狱，结果造成了两个家庭的伤痛。”教室里叹息声一片。

“所以，同学们，如果我们在自己具备了爱的能力之后再来谈恋爱，也许就会避开很多人生悲剧。”

我给学生讲学生时代早恋的两个悲剧，目的是想让他们懂得：生命、爱情需要承受道德、责任、能力之重，只有脚踏实地，才能安稳地生活。

（3）议一议——拥有真爱的能力

我继续问学生：“那么，在谈恋爱之前，我们需要具备哪些能力呢？”

“第一，会挣钱！”班上的陈林大声说。

“对，这是起码的能力，我们可以把它称为‘创富能力’——创造财富的能力。”我补充说明着。

“确实是这样的。”有的学生表示赞同。

“那你们现在有这样的能力吗？”我追问。

“没有没有，连自己都养不活，怎么可能养活别人？”长彬争着说。

“第二，要有责任感。”我继续补充着，“男方要有为一个家庭负责的担当，女方要有做好妻子和母亲的角色意识。”学生认真地听着。

“第三，要有成熟的人生观。自己需要什么样的爱人，什么样的爱人更适合自己，你们知道吗？”学生纷纷摇头。

“我就看长得漂不漂亮。”一个男生抢答道，惹得全班同学大笑。

“难道我们一辈子就看着伴侣的长相过日子吗？”我顺着这个男生的思路补充着。很多学生连连摇头。

“第四，要有独立的思想。爱情中的安全感是自己给的，而不是对方给的，所以要有承担失恋痛苦的能力。爱情有甜蜜也有痛苦，两者是相生相克的，爱情也充满着变数，只有思想独立的人，才不容易受到伤害。”

“哦！”学生恍然大悟。

“所以，拥有爱的能力是谈恋爱的基础。”最后，我总结道。

（4）谈一谈——提升爱的境界

除了拥有爱的基本能力外，学生还需要清楚地认识爱的层次和境界。

“爱是分层次和境界的，我们来看看不同的爱的层次和境界。”

“第一层境界，我想你，并且满脑子都是你，不管你对我的态度如何，我都单方面地付出直至迷失自我。这是爱的较低境界。这种情况在我们的同学中是存在的。”学生坐直身子，睁大眼睛，很是好奇。

“为什么这么说呢？”我故意停顿了一下，然后扫视学生一遍。

“如果一个人觉得自己非要和对方在一起，发现自己离不开他，有对方就快乐，没有就痛苦，那么这就是把对方当作自己的一种需求，他本质上是自私的，因为他爱的其实是他自己。这是爱的较低层次和境界。”我缓缓说道。

“那么，更高一点儿的层次呢？”有的学生好奇地问。

“第二层境界，因为好奇、刺激、孤独暂时在一起，却不考虑长远，所以这个层次也不高。这样的爱是走不长远的。”

“第三层境界，做好自己，把自己打造得更加优秀，既不会为了爱迷失自己，也不会为了爱放纵自己，而会努力去修炼更好的自己。只有把自己修炼得足够好，才有可能遇到足够好的对方。”全班学生的眼睛亮晶晶的，大家听得心悦诚服。

最后我总结道：“所以，同学们，如果你有足够多的财富，足够高的情商，那么你可以谈恋爱。但是如果你现在只是因为青春的萌动或者骚动，只是欲望的驱遣和情感的诉求，或者只是觉得好奇而无法自控地想谈恋爱，那么你还不具备拥有真爱的能力。所以，真正拥有爱的能力的人是有理智和思想的，是懂得做好充分准备再去恋爱的人，这样的爱才是成熟的爱！”

我环视了教室四周，继续说道：“现在想谈恋爱的同学，请想一想，你现在具备拥有真爱的能力吗？”

教室里一片安静，全班同学都在思索着，仿佛在思考一个巨大的哲学问题。

当班主任遭遇中学生早恋问题时，与其生硬地反对，不如引导学生在青春迷惘中学会思考、学会自律、学会成长。

25 爱情智慧教育

——真爱并非运气，被爱是种实力

一年一度的情人节快要到了，我该给学生准备些什么呢？青春期的学生喜欢在情人节这天表白，与其让他们盲目地表白，不如教给他们爱的智慧，帮助他们更理智、更冷静地对待爱情。

在爱情教育上，我始终觉得，与其谈爱色变，不如大大方方地谈论爱情，让学生学会爱、预习爱。爱情教育的目的不是教给学生谈情说爱的技巧，而是培养学生自我成长的尊严感、使命感、责任感。

基于这样的想法，我们班开启了情人节的特别节目。

当天上午，我在班级群里发出："同学们，今天是情人节，我们将继续揭开爱情的神秘面纱，去探索爱情这个主题。大家感兴趣吗？"群里各种表情包瞬间开始轮番轰炸——有惊讶的，也有坏笑的，有表示淡定的，也有表示兴奋的……

有的同学干脆挑明："老师，我看到很多同学的微信头像都是有关爱情的哟。""就是就是，有的同学的QQ说说也是有关爱情的，我看探索爱情这个主题很有必要呢。""老师，这次又要谈什么呢？"看到学生的兴趣已经被点燃，我继续引导："我们这次谈真爱，谈幸福，谈爱的智慧。"

学生一听，更是好奇："爱的智慧是什么呀？"

我马上把提前做好的海报发出来——"真爱并非运气，被爱是种实力"。"欲知后事如何，且听我晚上分解。今晚7:30，我们不见不散！"只有吊足学生的胃口，才可能产生意想不到的效果。接着学生开始分头发通知，安排主持人等。各个事项顺利地进行着……

情人节的特别节目在学生的好奇中即将拉开序幕。

（1）一个情境设置——引发思考

晚上7: 30，班级群里热闹非凡，大家神采飞扬、兴致勃勃地开始催促：“小霞姐姐，时间到了。”“小霞姐姐，时间过了哟！”“我们等不及了哟！”全班同学兴致盎然。

“同学们，我们先设置一个情境。”我直接开门见山，“有个女生为一件事儿很苦恼，所以她开始寻求帮助，请同学们帮她拿个主意。”

我认识一个男生，对他有好感，很想找他聊天。有时候他不会拒绝我，会和我聊天。所以我很苦恼，我不知道他到底喜不喜欢我，我该不该找他表白。

问题一发出，班级群里的同学开始三言两语地议论开来。

“肯定不表白，打死都不表白。”小艺首先发言。

“我觉得女生应该想清楚，把事情看透彻、看准确了再做决定比较好。”子涵思考后说。

“两害相较取其轻。女生这个年龄应该以学习为重，最好放弃表白这个想法。而且我觉得女生不一定要主动，如果太盲目冲动，那么到时候俩人可能连朋友都做不成。”柳媛总是让人感觉很理智的样子。

“到底是游戏不好玩了，还是作业不够多？要去表白？”诗怡同学的率真一览无余。

“首先，这个女生不用太主动。如果太主动的话，就显得她有点儿不矜持。其次，她可以先找其他人去打听一下，了解男生是个怎样的人。最后，她可以根据男生的兴趣点和他聊天。总之，这个女生不能一上来就表白，需要先多接触，再确定是否真的喜欢他。”爱航同学思路清晰地表达着。

“爱航，你是不是拿错剧本了，这不是你的台词。”张剑发出狡黠的表情。顿时各种笑的表情包喷涌而出。

“爱航，老司机吗？”我故意戏谑地说。

“老师，他是电视剧看多了。”“老师，他就是老司机。”“老师，他这样会翻车的。”学生对爱情这个话题很是亢奋。

我急忙拉回正题：“同学们，其实无论是亲情、友情，还是爱情、婚姻，如果一方的主动和付出总是得不到对方的回应，那么他们一定是不幸福的，他们的关系也是不长久的。”

“是不是需要花点儿时间让双方更了解彼此？只有这样才知道对方是不是对的人。”有个同学提出疑问。

“我觉得这个女生与其花时间去想表白或不表白的事情，不如转移注意力，丰富自己的学识，提升自己的修养，把男生吸引过来。”又有个同学说道。

“同学们，其实大家的观点没有对错之分，只有处理是否妥当的区别。从女生的身份来看，她现在是初中生。我们说过，每个人每个阶段都有每个阶段要做的事情。我们要清楚自己现在应该做什么，会有什么样的结果，在做每一件事情之前都需要考虑长远一点儿。”我引导着学生思考。

“我也谈谈我对这件事情的看法。①关于说与不说。说了有可能做不成朋友，不说永远保留着美好的向往。爱情不像大家想象中的一样，全都是美好，如果不说就会一直停留在美好的状态，所以还是不说比较妥当。②关于自己的内心处理。在投入爱情之前要先说服自己，我在这段爱情中是不是丢掉了自己，大家不能让自己的爱变得很廉价。③关于交往的前提。异性之间的交往是有规则、有原则、有底线的。一段美好的交往能不断地丰富自己，而不是让自己走向堕落。吸引对方的好办法是在奋斗中展现自己的优秀，而不是一味地祈求对方。④关于怎样去交往。既然我们还是学生，那么建议女生为了学习，暂时不要谈恋爱。朋友之间可以互相鼓励、互相促进，而不是互相拖后腿。一段好的爱情能让对方变得更美好。有句话说：‘我曾经爱过你，同时我也变成了更好的自己。’”学生听了纷纷表示赞同。

（2）四种爱情类型——理智判断

我继续引导学生：“那么怎么判断这段爱情会不会让自己变成‘更好的自己’呢？怎么知道这是不是一段合适的爱情呢？我们可以用‘知己知彼’和‘自尊自信’作为衡量的尺度！”

“老师，‘知己知彼’是什么意思呀？”有个同学开始问。

“‘知己知彼’就是爱情中的双方对彼此都很了解，一段成熟的爱情需要互相了解的内容很多，比如对方是否能提供生活的基本保障，除了像工作、家庭、经济实力等‘硬件’上的了解以外，更重要的是深刻地了解对方的性格特点、脾气秉性，包括三观，只有充分了解，才有可能避免两个人在性格、价值观等方面产生矛盾。”我顿了顿，接着说道，“当然，我们也要理性地思考我是谁，我是个什么样的人，我内心需要什么，我爱对方什么，对方爱我什么，我的优秀品质是什么，对方的优秀品质是什么，我们合适吗等问题。”

“我再讲讲‘自尊自信’，‘自尊自信’就是这段爱情能否让你保持自我的尊严，坚定自己的信念。只有当我们自信地走入爱情时，才会有安全感。而且你能自我觉察，能理解对方的感受，知道如何让彼此都开心。只有这样的爱才是健康的爱、幸福的爱。”我继续向学生解释。

“哦，原来如此。”学生恍然大悟。

“我们来看看现实生活中的爱情类型吧。”我开始出示爱情的类型。

“**第一种，自信型**。这种爱情中的双方是平等、互相尊重的。特点是双方都是高知己知彼与高自尊自信的，这种类型的爱情会爱得明白、爱得自然、爱得冷静。”

“就是双方都知道自己适合对方，是吧？”一些学生应和着。我表示认同。

“第二种，狂热型。这种爱情属于狂恋。特点是高自尊自信，但是低知己知彼，这种类型的爱情会爱得疯狂、爱得任性、爱得不理智。”

“哇！”有个同学开始惊呼。

“这种类型的爱情是不是通常两个人甜蜜一阵子，结果却分道扬镳？”有个同学问道。

“是呀，这种爱情中的两个人只要冷静下来，他们之间的矛盾就会凸显出来。就像歌里唱的‘爱有多销魂，就有多伤人’，这种类型的爱情一定不会长久，有的甚至会让人悔恨终生。”我冷静地说道。

“唉！”有的同学开始感叹。

“第三种，自误型。这种爱情属于暗恋。特点是高自尊自信和低知己知彼，这种类型的爱情会爱得痛苦、爱得累赘、爱得委屈。”

“自作多情的那种。”有个学生嚷道。

“这种类型的爱情不仅会耽误自己，而且也得不到自己想要的结果。”几个学生讨论着。

“避免这种类型爱情的较好办法就是转移自己的注意力，拼命提升自己，把坏事变成好事。”我引导着学生。

“第四种，自卑型。这种爱情是痴恋。特点是低自尊自信和低知己知彼，这种类型的爱情会爱得困惑、爱得混乱、爱得糊涂。”

“这种爱情太没有尊严了。”有个同学发着牢骚道。

“所以真正的爱情是平等的，只有双方既互相依恋又彼此独立，才能更好地认识自我、完善自我，这才是一段好的爱情。与此相反，狂恋、暗恋、痴恋都是单向爱恋，当局者迷。这样的人一味地把自己的爱情强加给对方，却没有在爱情中清醒地认识自我，结果自己不仅爱得稀里糊涂，而且输得一塌糊涂，这样是得不到真爱的。”我总结道。

（3）六个爱情误区——引起注意

学生明白了爱情需要双向投入，但是仅仅了解到爱情的类型还不够，还需要了解爱情的误区。

我继续深化："同学们，好的爱情会让我们学会不断地挑战自己，不断地超越自己。可是有的爱情会让我们迷失自己，或者越来越自卑，甚至失去自信。这种爱情会让我们越来越痛苦，越来越疲惫，迟早会让我们蜕化变质。如果遭遇这种爱情，那么我们最好及时止损，立即打住。苦海无边，回头是岸哪！"

"天涯何处无芳草，何必单恋一枝花。"有个同学插话道，获得了很多同学的点赞。

"所以，爱情是有误区的。我们应该尽量避免，及时止损。我给大家总结了六大爱情误区。"我一边说，一边出示着：

①盲目狂热，后悔莫及。

②一厢情愿，苦不堪言。

③放下尊严，丢掉自我。

④自我中心，自恋自大。

⑤不懂相处，沟通障碍。

⑥不懂反思，不再成长。

出示结束后，班级群里热闹起来。

"看来，不合适的两个人在一起，既会苦了自己，也会让别人难受。"一个同学说。

"爱情要冷静思考，千万不能盲目！"另一个同学说。

"只有找对了人，才会有对的爱情。"又有同学说。

"同学们，与其千方百计地去找对的人，不如做好自己，让自己具备爱的智慧和爱的实力。如果你没有做好自己，即使遇见一个极其理想的人，你也留不住对方。比如，如果你是个自卑的人，就会把对方看得高高在上，把自己看得渺小可怜，这样的爱是不幸福的。再比如，如果你是个自恋的人，就会要求对方围着你转，对你唯命是从。你们即便恋爱了，也不会持久的，因为对方早晚会受不了的。”我总结道，学生连连称是。

（4）八个智慧定律——学习修炼

我话锋一转：“所以，正如同学们所说，我们都渴望自己能赢得幸福。既要爱人，也要被爱，但‘真爱并非运气，被爱是种实力’，而实力是需要智慧的。现在我们来学习八大智慧定律。”顿时，班级群里安静起来，有的学生表示“洗耳恭听”。

“① **果敢**。我们要有当机立断、战胜自我的能力。任何人都是独立的，我们要自立自强，学会深思熟虑，能为自己做主，具有果断、勇敢的品质。只有具备了这样的实力，你才能够被爱。”

“老师，小说里就是这样。一开始女主角对男主角各种不接受。”小艺马上插嘴道。

“小说是虚构的，那不是真实的世界。不过，这个和你说的好像是两个概念。我们要有清醒的、独立果敢的能力，如此才能战胜一切不切实际的幻想，理性地看待世界。”我解释道。

“② **自尊**。这是一种自己给自己力量的能力。我们要学会爱惜自我、肯定自我。如果别人不爱你，那么你就要学会优雅地转身，不要失去尊严。自爱者，人恒爱之。”

“嗯嗯，爱情是建立在平等、尊重的基础上的。”有的同学若有所悟地说。

“③ **内省**。我们要善于发现和反思自身的弱点，不断地修炼、提升自己的修养、学识、能力。一个人只有不断地完善自己，才会让自己越来越优秀，才会拥有不竭的魅力。”

“哦，不断提高自己是很重要的。”诗怡跟着说了一句。

“④ **宽容**。爱的智慧还包括宽容，我们需要学会尊重对方、换位思考。一个善于宽容别人的人，不仅会让自己的心胸更开阔，而且会让身边的人更舒适、更温暖，只有这样才可能赢得爱情。

“⑤ 表达。如何表达，什么时候表达，表达的动机是什么，怎么表达才让别人知道你的爱意等，这些都是需要学习的。

“⑥ 沟通。我们要学会与人相处，只有先学会与身边的人沟通，才能智慧地与自己爱的人沟通。

“⑦ 自制。我们要提高自控力，不能让情感控制理智。不失控，不发狂，只有懂得冷静、理智地去处理事情的人，才会拥有幸福。

“⑧ 升华。我们要善于把爱情升华成一种动力，不断让今天的自己优于昨天的自己。当一个人遇到挫折或者失恋的时候，只有懂得化悲痛为力量，并朝着自己的目标努力奋斗，他才拥有被爱的实力。”我一气呵成地把八大智慧定律告诉学生。

“大家可以衡量一下自己是否符合这八大智慧定律，如果不符合，那么说明我们还要继续修炼。”我在班级群里说道。

“从现在开始，努力修炼自己！”有的同学说。

“开始行动，让自己成为有实力的人。”有的同学热血沸腾。

“只有不断地提升自己，才有主动选择的权利，而不是被选择。”有个学生热情地总结道。

最后我说：“综合地讲，爱情的智慧就是，只有先战胜自己，才能赢得幸福。中学阶段正是我们不断成长、修炼自己的时刻，愿大家用奋斗谱写这段美好时光，做更好的自己。等到有一天时机成熟，大家都有机会赢得你们想要的爱情，因为‘真爱并非运气，被爱是种实力’！”

1 2 3

4 5 6

7

第七章

趣味期末嘉年华：

期末是一场盛宴

26 期末复习考试
——给复习一个自主出题的理由

期末复习的时候，如果仅仅是教师在上面讲，学生在下面听，那么复习不仅无趣，而且低效。如何让学生既学习知识，又提高学习的主动性；既掌握考点，又让复习有趣、高效呢？可以尝试给学生自主出题的自由。

（1）出题分工令——引起重视

在学生自主出题之前，我们先出台出题分工令，这样既能激发学生的好奇心，又能让学生明确自己的职责。

首先，我把全班同学分成 4 个组。本次复习内容是名著《昆虫记》，于是我们把《昆虫记》的 24 个章节分成 4 个板块，每个小组负责其中 1 个板块，确保每组成员都有足够的精力去钻研自己负责的板块。

然后，我公布出题分工令。出题分工令包含内容分配、出题要求等。

出题分工令

亲爱的同学们：

为了让大家更有效地复习《昆虫记》，我们不仅做出题人，还要做答题人和改卷人。如此好玩的游戏，期待每个同学都绽放自己的精彩。

①内容分配：

庭宇组负责第 1～6 节。

张剑组负责第 7～12 节。

明瑶组负责第 13～18 节。

新瑶组负责第 19～24 节。

②出题要求：

请每组成员围绕自己分配到的内容，结合重庆市中考的考点出题，题型为简答题。每个人每个章节出 1 道题，一共出 6 道题。

③时间规划：

周一：研究考纲和考点。

周二：每组成员独立出题。

周三：组长综合分析，将不合适或相同的题目反馈给组员。

周四：组员再修改题目，磨题。

④试卷要求：

每个题目要蕴含中考的考点，难度适中。出题者要给出参考答案。

学生听说不仅要自己出题，而且出的题还要拿给全班同学完成，既兴奋，又紧张。于是，大家立马开始钻研考点、找资料……

（2）磨题碰头会——精益求精

首先，我们选出出题组组长。组长不仅在学科上能当班级领头羊，并且要有管理才能。通过组织磨题碰头会，可以考验组长的专业能力和组织才能。

接着，组长开始组建自己的磨题碰头会小组。每个小组还取了一个有特色的名字，比如“涅槃阁”“学 + 思”“拼搏组”等。每个组名都有深刻的内涵。

然后，大家单独完成个人出题。组长负责给每个组员提意见，指导意见细致到每个知识点的落实：“这个知识点我觉得无法和中考考点结合起来。”“这道题出得有点儿偏了。”“这道题太简单了。”大家互相讨论着。

最后，大家再共同磨题。大家把各自出的题目汇聚在一起，选出优质考题，同时做出参考答案，再完美组合成一套考题。组长把小组成员磨好的题打印出来，再由班长主持，每个组的组长到组长大群继续磨题，磨出拿得出手的班级考题。大家共同切磋、互相启迪、不断改进的过程，也是知识逐渐内化的过程。

（3）小组混搭配——互补周全

为了减轻学生的负担，目前每个组只是钻研自己负责的那部分内容。如何涉及其他部分呢？如何让全班同学都能熟悉所有题目呢？

于是，在周四的课堂上，我们让出题组重组混搭。每个小组分配 3 个组员到其他组，本组组长留守原组。这样重组的小组，因为有了混搭，每个出题板块的成员都有了。

接着，每个混搭小组进行预考，即口头预赛。每个组的成员用自己负责板块的题目，依次口头考其他成员。这样确保每个成员既是出题人，也是答题人。

大家一起抽题、答题。暂时回答不出来没有关系，大家马上进行小范围内现场辅导，互相帮助，现场解答。

此时，整个教室热火朝天，热闹非凡。大家争论得面红耳赤，一个个知识点在讨论、争论中被牢牢掌握。

（4）正式擂台赛——升华复习

经过小组混搭预赛后，混搭同学回到原组，参加我们的擂台赛，擂主就是每一位出题人。

擂台赛的规则是擂主出题，其他组的成员抢答，抢答时不能讨论。抢答正确，本组加 5 分；抢答错误，擂主所在的组加 5 分。

擂台赛开始了，氛围忽然变得紧张起来。同学们屏住呼吸，聚精会神地听题。一组的擂主站起来，大声出题："文中的蝉怎样喝水？"教室里出现了沉寂。"不会吗？我们开始倒计时，5、4、3……"

"我知道！"二组的李龙跳起来说，"是用它突出的嘴，那个嘴的样子是有精巧的吸管，尖利如锥子，收藏在胸部——刺穿饮之不竭的圆桶，然后将吸管插进桶孔。"

"回答正确，加5分。"擂主竖起大拇指，计分员马上在黑板上给二组记上5分。

擂台赛继续进行着，其中一个擂主说："大家能从这条虫的身上看到什么品质？"教室里又是一阵沉默。"回答不出来吧，这条虫先把猎物引出来，再把猎物吃掉，可以看出它有勇有谋。"擂主洋洋得意地说出参考答案。

有同学马上反驳："从这个行为可以看出来这条虫有谋，但是没有勇吧。"双方争得面红耳赤，参考答案也因此变得越来越科学。

（5）清仓大处理——查漏补缺

通过一轮擂台赛，大家基本清楚了哪些知识点是难点，哪些是重点。接着，大家再次进行知识点梳理，每组梳理自己负责板块中大家掌握不牢固的重难点，再组合成一张卷子，进行书面考试。

整个过程中，每个同学既是出题人，也是答题人，还是改卷人。

改卷实行流水作业，每组都有改卷人，这样既还原了真实的改卷流程，又保证了改卷结果的公平性，同时也突破性地解决了学生的复习难点。

改卷的时候，大家更是认真而谨慎。因为有了个人钻研、小组磨题、内部抽题、擂台比赛这一螺旋式提升的过程，大家对考点早已烂熟于心。

（6）试卷分析会——总结原因

书面考试完毕后，学生进行试卷分析。

试卷分析分为两个方面。第一个方面是分析自己出题的方式。从题目是否契合考点、得分率如何、哪儿容易出错、出错原因是什么等方面进行分析，提升学生把握考点的能力。第二个方面是分析自己做题的得失。学会正确归因，题目没有做对的原因是审题有误？还是知识点掌握不牢固？或是学习方法有问题？或是学习习惯有问题？或是答题不全面？学生一一进行细节分析，并给出改进方法。

学生通过分析，既看到了自己的亮点，也发现了自己的不足。

在期末复习的时候，给学生自主出题的权利，把自主出题当作复习的助推器，让学生实现了对知识点从不知到知、从不会到会、从不能到能的转变与提升。自主出题不仅让复习方式变得生动有趣，而且提升了复习的效率。如此复习，生机盎然，好不惬意。

27 树立学习榜样

——青春的榜样，自己的模样

期末复习期间，学生一旦遭遇疲倦，就容易动力不足。此时，如果能够运用好心理学上的“鲶鱼效应”，就能激发起学生的复习热情。于是，我把邻班的两位理科学习之星请到了我们班级，为学生树立学习榜样。

（1）“记者招待会”——答疑解惑

我向学生隆重介绍了邻班两位理科学习之星君君和松松：“今天我邀请到邻班的两位同学来和大家交流，他们是我们年级非常优秀的学生，他们对理科的钻研精神值得我们每个同学学习。”顿时，教室里掌声雷动。

“大家有什么学习方面的困惑，可以问这两位同学。”我对学生说。

“老师，先请他们介绍一下自己的学习方法吧。”有个学生大声嚷嚷。

“还是你们问吧。”两位理科学习之星有些不好意思。

“好，我来问，你们平时是怎么安排课后学习时间的？”一位高高瘦瘦的女生问道。

“我一般是先做老师布置的作业。”胖胖的君君回答。

“那你们做作业会花多少时间呢？”有个学生追问。

“一般情况下花一个多小时！”台上的松松说。

“那你们做题的顺序是怎样的呢？”又有个学生提问。

“一般是先易后难，首先把简单的题做完，然后做难题。”君君摸着下巴说。

“遇到难题，你们一般会怎么办？”小艺提问道。

“先自己思考。把做得出来的部分写到卷子上，不会做的先空着，等老师讲解时再认真听老师讲。”松松回答。

“我首先会回想老师讲课时的解题思路，然后运用在自己的解题过程中。”君君补充道。

同学们的提问还在进行……

一个简单的“记者招待会”慢慢解开了同学们平时的学习困惑。

（2）现场做题会——情境再现

答疑解惑接近尾声的时候，一个学生说：“你们可以现场做一道题目并讲解一下吗？”

“当然可以。”两位学习之星轻松地回答道。

“好，我们正好可以看看你们的实力。”有的同学有了斗志。

“讲题的时候要展示解题思路哟！”又有同学提出新要求。

出题的同学迅速地找出题目，两位学习之星拿着题目，先在讲台上独立思索着，然后共同探讨、相互切磋，一会儿掩卷沉思，一会儿埋头演算，一会儿冥思苦想，一会儿笑容灿烂，全程实时再现了两人平时切磋题目的情景。

我急忙抓住机会说：“同学们，这就是他们平时学习的样子。”下面的同学聚精会神地看着。

两位学习之星做完题目，轻轻地舒了一口气，但还是有些不放心，于是又检查了一遍，最后才昂首挺胸地站在讲台上准备讲题。

“老师，我们需要用展台。”看得出，两位学习之星已经胸有成竹。电教课代表马上打开展台。

两位学习之星一个主讲，一个做助手，开始侃侃而谈解题思路。下面的同学啧啧称赞，为他们能在如此短的时间里做出难度如此大的题目而惊叹不已。

（3）挑战 PK 赛——发现差距

“老师，我也会做，而且我讲得比他们更好。”班上的理科学习之星昆昆一句话掷地有声。

顿时，我惊愕了，当我把邻班的学习之星邀请到我们班上来交流学习经验的时候，我没有预料到本班理科学习之星会不服气。既然同学们如此有好胜心，那我何不因势利导呢？

我微微一笑，说：“挺好的，我们班的昆昆觉得自己也有这个能力，还可以做得比他们更好，我们何不来一场 PK 赛，让我们两个班级的理科学习之星比一比？”教室里一片沸腾。

“好，PK 就 PK！”昆昆边说边走上讲台，他拿起一支粉笔，开始在黑板上画起来。只见他一个步骤一个步骤地、仔细地给同学们讲解着，大家从来没有见过这么认真严谨的昆昆。

讲解完毕，昆昆期待地看着我。我微微笑着，轻轻问了一句：“同学们，你们觉得刚才这道题谁讲得更好？”

“老师，我觉得昆昆讲得更清楚。”“老师，我觉得松松和君君他们俩讲得更好，他们让我懂得了该如何研究题目。”“昆昆做题思路灵动，但松松和君君两人把做题当作一种乐趣，积极提问，不断探究。”大家开始争论起来。

“老师，我觉得他们各有千秋，昆昆更聪明，而松松和君君更勤奋。”有的同学一针见血。

“松松和君君善于合作，探究问题不怕困难；昆昆善于思考，会动脑筋。”同学们总结着，大家觉得他们平分秋色，各有特色。

我也插上一句：“刚刚我看到了他们之间的不同。从松松和君君身上，我看到了三个‘非常’——非常积极，非常热爱，非常勤奋。从昆昆身上，我看到了三个‘善于’——善于思考，善于比较，善于总结。”

带领同学们比较了三位学习之星的学习状态后，我还需要引导他们把自己和学习之星作对比。我说：“同学们，你们思考一下，自己和他们的差距在哪儿呢？”

诗怡说：“我不肯花时间去探究，害怕麻烦，不想浪费太多时间去理解题目，他们对理科有‘明知山有虎，偏向虎山行’的冲劲儿。”

子涵有些惭愧地说：“我既没有昆昆的思考能力，也缺乏松松、君君共同探讨和互帮互助的精神，他们认真研究和深度思考难题，而我只求完成作业。”

“和松松、君君两位同学相比，我不够勤奋，对理科不够热爱；和昆昆相比，我的理解、钻研不够深入，思路有些局限。”一位同学认真地总结道。

没有比较就没有震撼。只有发现了差距，同学们才懂得不负韶华，才会撸起袖子加油干！

（4）收获分享会——实践运用

有了对比，我还需要引导同学们将他们的收获运用在自己的学习实践中。

于是，我抓住时机分享了我的感受：“同学们，优秀者有优秀的原因，从三位同学的身上我收获了三个‘足够’——足够热爱，一个人要想从优秀走向卓越，就需要对学习有足够的热爱和兴趣；足够重视，一个人只有足够重视学习，才有搞好学习的可能；足够投入，当我们足够投入地去做一件事情，把精力专注于自己钻研的事情上的时候，就会忘记自己，也更容易取得成功。”同学们认可地点点头。

我鼓励学生们：“下面请大家分享一下自己的收获。”

有的同学在意志上得到收获：“我的收获是学习上需要坚韧不拔的精神，我今后要像他们那样坚持不懈。”

有的同学在信心上得到收获：“看到他们，我准备对自己的学习过程进行深入分析，总结得失，争取每个知识点都落实到位。”

有的同学的收获是学法上的：“我以后做题之前先独立仔细地想想，如果还不懂就和同学一起讨论。”

有的同学的收获是态度上的：“我准备向他们学习，做到足够热爱理科，争取在下个阶段有一定的提升。”

收获分享会既是一个总结提升的活动，也是一个同学们互相学习、互相碰撞、不断成长的契机。

28 考前励志法

——“硬核佩奇”励志语诞生记

如果每次考试之前，教师总是用考试注意事项来进行考前提醒，学生就会觉得毫无新意。那么如何更好、更有效地引起学生对考试注意事项的重视呢？经过努力，我班的“硬核佩奇”励志语诞生了。

（1）动员——心动新体验

凡事都需要先心动，然后才有行动。于是，我们组织了一次“心动新体验”。

我先从网络用语入手和大家聊道：“大家知道‘硬核’这个词吗？”

“老师，我知道‘硬核游戏’，那个可不是一般人玩得了的，需要有一定操作技巧的人才能玩呢！”喜欢玩游戏的旭杨开始嚷嚷。

“后来指超级厉害、刚硬及彪悍的事或者人！”又有同学说。

“那大家知道‘硬核佩奇’是怎么回事儿吗？”我继续追问道。同学们纷纷摇头。

“大家都熟悉小猪佩奇，网上报道了一个老爷爷用手工精心打造了一个刷着粉红色油漆的鼓风机佩奇送给自己的孙子，表达自己对孙子的爱。”我讲着老爷爷的故事，同学们认真地听着。

突然，我话锋一转，说：“同学们，我们也给自己编写一份独特的、对自己和全班同学都有用的考前励志语，好吗？”

“好，老师，我们创作属于我们自己的‘硬核佩奇’励志语吧！”有的同学已经跃跃欲试。

就这样，同学们创作考前“硬核佩奇”励志语的热情被点燃了。

（2）创作——新式励志语

我接着说：“既然我们创作的‘硬核佩奇’励志语是为自己量身打造的心理暗示语，那么请大家自主创作吧。”

同学们都热情地书写着，5 分钟不到，大家就把考试“新式励志语”交上来了。因为有了前面的动员，励志语可谓精彩纷呈、各有特色。有的是诗歌体，有的是淘宝体，有的是古文体。

曹昆的设计被命名为“孔明灯——考试的目标”。“孔明灯”象征着考试目标。他的励志语是用诙谐的、带有哲理的语言呈现的：

会吃饭的人不一定会做饭，会开车的人不一定会造车。不努力的人不一定霉运缠身，但努力的人一定会好运连连。

陈亮的设计是“幸运草——心理疏导”。“幸运草”的寓意是给同学们带来好运。他的励志语是以顺口溜的形式展现出来的：

考试考试，别紧张，静下心来，审准题。
难题难题，不用怕，沉住气后，自可化。
仔细仔细，不用慌，检查错误，扫光光。

王红的设计是“魔法棒——方法指导”，她的励志语是用词牌“相见欢”的格式展现的：

相见欢

铃声响，临考试，不出声。复习回忆惜时如黄金。

考场上，屏凝神，细思索。鼓足勇气加油向前冲。

我们还发现了彭鑫瑶设计的“爱上考试——考试警戒线”，她的励志语是用歌词的形式呈现的：

我再也不愿见你在考试前嬉戏，不愿别的东西打扰你的复习。你可知道，工具你要带齐。答应我你从此不在考场里睡觉，不要轻易尝试作弊的滋味，你可知道，这样你会后悔。

（3）准备——精心大派送

我邀请了班上的几个板报能手，将励志语设计成简易的板报，我准备以板报的方式向同学们展示这些励志语。

板报员们踊跃非凡，排版、设计图形都是精益求精、仔细斟酌。他们画出了孔明灯、幸运草、手拿魔法棒的小白兔、刻着宋词的竹简，还有五线谱，并小心翼翼地把励志语书写在相应的板块里。

我要求板报员用报纸遮住文字部分，只留出几个大的标题——“孔明灯”“幸运草”“魔法棒”“爱上考试”。每个板报员都小心翼翼，且兴致盎然。他们比画大小，你用剪刀，我用胶水，好不热闹，仿佛在准备一场盛大的宴会一样。

第二天一大早，所有进教室的同学都盯着黑板，似乎想穿透报纸，看看被遮住的是什么，大家都热切地期待着。

（4）呈现——火爆大场面

全班同学到齐了，大家早已在翘首企盼中。我站上讲台说：“同学们，考试前，让我们看看我们的‘硬核佩奇’励志语吧，期待同学们都能成为硬核考试人，获得硬核好成绩。谁来揭开谜底呢？”我的话音刚落，教室里就沸腾了。

“老师，我们很想看黑板上的内容。”有的同学嚷嚷。

“老师，我想揭开谜底。”有个同学请求道。

“我来！”“我来，我来！”同学们争先恐后地大声叫嚷着。

“好好好，同学们，我们从‘孔明灯’开始。”张鑫已经跑上台揭开谜底。

“哇！”同学们目不转睛地看着“孔明灯”励志语。

“同学们，考试前，请大家相信自己，只有努力才会有好结果，我们一起为自己加油！来，大家一起读。”我继续引导着。

“会吃饭的人不一定会做饭，会开车的人不一定会造车。不努力的人不一定霉运缠身，但努力的人一定会好运连连。”同学们兴致盎然地读起来。

接着，大家看着“幸运草”励志语，眼睛里闪闪发光。

“同学们，相信‘幸运草’能给大家带来幸运。董林，你来掀开谜底。”我鼓励道。

董林迅速跳上台，同学们激动得大叫。大家自觉地朗读着“幸运草”励志语，仿佛它是从心灵深处流出的。

一个个谜底被揭晓，同学们欢呼、齐读，投入而充满激情，考前励志语呈现活动有条不紊地进行着。

最后，同学们齐唱我们的“爱上考试”歌。歌声悦耳，所有考前应该注意的问题都已经蕴含其中。

没有声嘶力竭的忠告，没有喋喋不休的劝诫。在欢快与愉悦中，一切考前注意事项已经悄然镌刻在每一个学生心中……

29 考前温暖法

——送给学生的“吉祥六宝”

俗话说，“临阵磨枪，不快也光”。临近考试了，我们为学生做点儿什么，才能把他们的考试状态调整到最佳？我决定在考试之前送给学生“吉祥六宝”。

（1）考前家校通——做好后勤保障

考试的前一天，我在班级群里发了一段文字，提醒家长为孩子做好考试的后勤工作。

各位尊敬的家长，明天是考试第一天。常言道，“兵马未动，粮草先行”。作为家长，大家要为孩子做好后勤工作。明天早上，请大家为孩子做好以下事情：

①准备一个微笑。让孩子感受到来自家长的温暖。

②检查一下用具。注意检查考试专用黑色签字笔、2B 铅笔。

③准备一件衣服。以免孩子意外着凉感冒。

④准备一些零食。准备几块巧克力等补充能量。

⑤准备一份叮嘱。仔细仔细再仔细，给孩子必要的提醒。

⑥准备一次鼓励。对孩子说“你会成功的”“一分耕耘，一分收获”“复习了会有效果的”等，让孩子感受到力量。

各位尊敬的家长，希望大家做好后勤工作，相信自己的孩子是最棒的！

家长们纷纷表示："好的。""收到，一定认真去做。"

家长的后勤保障会为学生考试的顺利进行奠定基础。

（2）考前一封信——做好方法指导

我在考试前给每个学生写了一封信，并将信直接放在每个学生的座位上。信里既有集体的方法指导，也有个别提醒。

集体的方法指导如下：

亲爱的同学们，踢好临门一脚是很有必要的。今天小霞送给大家十个考试技巧：

①答题前先整体浏览一遍试卷，看看有多少页。

②填好个人信息，同时暗示自己：不要慌，不要怕。

③安排好时间：根据考卷内容，估算大概需要的时间。

④答题有技巧：先做简单的题，再做难题。

⑤审题要准确：按照考点答题，相信自己的第一感觉。

⑥尽量多得分：简单的题得全分，中等难度的题努力得分，高难度的题尽力得分。

⑦答题要精练：不是答得越多越好，注意分条作答，注意关键词。

⑧书写很重要：工整的字迹是增分的利器。

⑨遇到意外要冷静：遇到任何特殊情况都要保持冷静。

⑩检查要全面：仔细琢磨每个环节，不要轻易改错。

个别提醒需要根据学生的个性私人定制，单独送出。

（3）考前大拥抱——增加一份温暖

考试第一天，我特意换上一套精心挑选的颜色比较清新的新衣服，早早地站在教室门口，迎接每一个学生的到来。

小宇来了，我走上前对他说：“来，老师拥抱一下你，好吗？”小宇先是一愣，既而咧开嘴开心地笑了。我张开双臂，轻轻地拥抱小宇，然后悄悄地在小宇耳边说：“祝你成功！”小宇笑得更开心了，然后缓缓走向自己的座位。

袁红来了，他像往常一样向前冲去，我拉住他说：“别跑，别跑。”袁红惊讶得张大了嘴，等我张开双臂，他才反应过来，热情地迎上来。

“老师，他们每个人的表情可以拍成表情包了。”有个同学俏皮地说。

“老师，你别说‘别跑’，可以换一种方式。”有个同学提议道。

我想想，对呀，我叫同学们“站住”或者“别跑”，他们会被吓住。比较好的办法是等他们走到教室门口，我直接张开双臂，他们就会心领神会的。

如此，果然同学们一个个喜笑颜开，大方地迎接我的拥抱。

有个同学没有反应过来，直接冲进教室。教室里的学生齐声嚷道：“快出去，快出去，有惊喜！”这个同学一脸茫然，满脸疑惑地回到教室门口。

我笑着走上前去，轻轻地说：“祝你今天考试成功。”这个同学的眼睛笑成了豆芽儿，甜甜地说：“谢谢老师！”

有个同学走到教室门口，直接张开双臂迎向我，我有些诧异。“老师，在食堂的时候，已经有同学告诉我了。”这个同学兴奋地说。

“哦，都传到食堂去了。”我故意娇嗔道。可以想象，同学们一路眉飞色舞地谈论着我拥抱他们的趣闻，还有一路雀跃着的心情……

在考试当天早上，我送给同学们一个大大的拥抱，同学们收获的既是一份温暖，又是一份感动，更是一份惊喜和一整天的好心情。

（4）考前放松操——缓解一些焦虑

我问：“同学们，如果你们考试前很紧张，怎么办？”

“老师，我会在心里告诉自己冷静，不要紧张。”有个学生说。

“这样挺好，其实我们还可以通过一些肢体运动来缓解压力。老师自编了一套解压操。”我告诉同学们。

“老师，自编的？”同学们睁大了眼睛，很是好奇。

“当然，很简单，很快就能学会。”我肯定地说。

“请大家全体起立。”同学们嘻嘻哈哈地站起来。

“同学们，先保持安静，静生慧。第一节，请大家和我一起做吸气、吐气的练习。现在开始，请大家闭上眼睛，保持内心的平静。吸气，保持 3 秒，1、2……”同学们随着我的口令把头抬得很高，看得我忍俊不禁。

“然后吐气，保持 3 秒。”我喊着口令。同学们开始吐气。

“同学们，这样练习几次之后，是不是心情会平静很多？”我问道。同学们专注地练习着，他们用放松的神态给予我肯定的答案。

“第二节，请伸直你的手臂，然后用力握紧拳头，同时说‘考的全会’。”我说道。同学们开始握紧拳头。

“再松开拳头。松开的时候，可以喊出‘蒙的全对’。”我继续引导着。

“考的全会，蒙的全对。”伴随着拳头的紧握和张开，同学们有节奏的吼声响彻教室。

“第三节，先向上屈臂，然后再向上尽量伸直手臂。”我一边示范，一边说，“同时大声喊‘我成功，我快乐’。”同学们一边伸展着手臂，一边喊着“我成功，我快乐”。

“老师，我感觉自己心情平静了很多。”“我感觉自己更有信心了。”

一套简单的考前放松操既放松了学生的身体，也给予学生积极的心理暗示，还缓解了学生考前紧张的心情。

（5）考前两步礼——传递一份力量

考前 20 分钟，在把同学们送进考场的时候，我用考前两步礼鼓励他们。

第一步，击掌祝福。我与同学们双手击掌，并且大声对他们说："加油！"同学们热烈地回应着，也大声说道："好嘞！"我们情不自禁地笑着，感动着。

第二步，握手提醒。我握着同学们的手说："考试的时候，千万要冷静。""遇到难题的时候，不要慌张。""记得把握好时间。""先做你觉得容易的题哟。""记得检查哟。"我根据同学们各自不同的特点，给予特有的提醒。同学们一个劲儿地点头，考前的紧张心理烟消云散。

简单的考前两步礼给予同学们无穷的力量。

（6）考前补救礼——多一份理性思考

每次考试后，总会有一些同学发挥失利。此时，我需要引导他们理性思考，不自怨自艾，并把他们的注意力转移到下一场考试上来。

上午语文考试，我一直担心小强同学，因为他平时学习很努力，可是每次考试都很紧张，我怕这次……

考试刚结束，我问："小强，你这次考得还好吧？"

"老师，他的选择题出了问题。"其他同学说道。

顿时，小强的眼圈儿红红的，眼泪开始掉下来。看着小强沮丧的神情，我急忙说："啊，这个选择题好像没有多少分哦。"

"老师，我错了好几个呢。"小强说完竟失声痛哭起来。

我急忙安慰："这算什么？不就12分吗？数理化一道题就可以弥补。"可我越是安慰，小强哭得越厉害，我感觉自己的安慰有些苍白无力。

旁边的同学仿佛也受到了影响，整个班级情绪都有些低落。此时，我要对全班同学进行理性思考教育。

我说："以前我的班上有个叫莎莎的学生，虽然她很努力，可语文一直考不好。一次考试后的晚上，我发现莎莎在哭，原来语文考试她有

20分的题目没有做，可结果并没有我们想象得那么糟糕，她还考了110多分呢。所以，我们不要把事情想象得很糟糕。”同学们听后稍微有些放松。

可是，这样的教育就有效果了吗？中午，小强的情绪还是有些低落。我在食堂打好饭，没有和同事们坐在一起，而是陪伴着小强，和他一起吃饭，与他聊天。小强吃完饭便走了，我只好匆匆几下扒完饭，追上小强，把手自然地放在小强的肩膀上，轻声说：“小强，你知道这次选择题你为什么会做错吗？”

小强说：“我平时没有记牢。”

“对了，这就是你做错的原因。”我继续说，“我们考试失利的时候，第一，要坦然面对。无法改变的事情就要勇于面对，敢于接受结果，悦纳自我。”

“第二，要善于复盘。为什么会这样？是因为自己掌握得不牢固，还是因为紧张？第三，要转移重心。既然这个学科我没有考好，那么就要在其他学科上弥补，从而更加重视后面的考试。第四，要看到希望。即使这次没有考好，也没有关系，还有中考等着我们，这并不是最后一次考试，所以你更要认真对待后面的考试。这就叫‘塞翁失马，焉知非福’！”小强不住地点头，脸上的表情放松了很多。

当学生考试失利的时候，我们可以送给学生一份补救礼，让学生变得理性一些：①安慰学生，感受同理心；②陪伴学生，让学生觉得有人和他在一起；③分析原因，和学生一起分析为什么会这样；④引导改进，和学生一起想办法，想想后面该怎么做；⑤转移目标，让学生把精力转移到该关注的事情上。

送出考前“吉祥六宝”，让考试变得既有轻松的氛围，又有冷静的磁场；既有感性的体验，又有理性的思考；既有温暖的呵护，又有方法的引领。“吉祥六宝”祝福同学们考试吉祥！

30 趣味毕业典礼

——毕业典礼十部曲

毕业典礼应该给学生留下什么？到底怎么做才有意义？今年，我们班级的毕业典礼惊艳登场，它不是一场单一的毕业典礼，而是有十部曲。

（1）交一交——自主权给学生

每到毕业的时候，学生都会有很多想说的话、想做的事。与其让教师来策划毕业典礼，不如把自主权交给学生，让学生自主策划。

学生热火朝天地策划、准备着：拍摄视频，编写串词，准备音乐，录制音频，排练小品，忙得不亦乐乎。大家分工明确，秩序井然。

遇到问题，学生自己处理，自己解决。他们在解决问题的过程中懂得了如何与人沟通交流，如何化解矛盾。虽然这一路上他们历经波折，但是所有的经历都变成了宝贵的历练。

毕业典礼临近的时候，几个学生说："老师，我们要给你一个惊喜。"果不其然，典礼之前，两个学生到办公室拦住我。过了一会儿，两个学生才一前一后陪着我走进教室。

我轻轻推开门，怎么一片寂静？正在我疑惑的时候，瞬间灯光闪亮，气球爆破，教室里掌声雷动，映入我眼帘的是学生熟悉可爱的笑脸，我在学生的簇拥下，在学生的温暖汇聚中，收获了鲜花和掌声。

三年里，我绞尽脑汁地为学生制造惊喜。我的这群可爱的学生啊，却在毕业之际给了我更大的惊喜！虽然我早就知道会有惊喜，但是此刻我仍然抑制不住内心的激动，眼泪情不自禁地流下来。给学生一个舞台，学生会还你无限精彩！

（2）玩一玩——唤起回忆的游戏

毕业之际，学生用玩游戏的方式回顾一同走过的岁月。

首先，学生一起玩“你说我猜”的游戏。大家击鼓传花，花传到哪个同学手里，哪个同学就上台说出班上一个同学的特征，让其他同学猜一猜。大家时而沉思，时而大笑，时而争论，教室里弥漫着快乐的气氛。

然后，学生开启“比画班主任”的游戏。首秀是几个学生，他们齐步走上讲台，每个人出示一个字，组成一句话：“我只有一个目标：向西。”（“向西”是笔者班级管理的目标，是借鉴《西游记》中唐僧师徒四人西行取经的精神所得。）顿时，我的眼睛又湿润了。这句话陪伴着我们从初一走到初三，跨过了多少崎岖坎坷，越过了多少荆棘丛生……这句话一直鼓励着我们一如既往、毫不气馁、永不放弃，激励着我们过尽千帆、不忘初心！

最后，学生进行“小品演绎”。学生用小品演绎我们平时的经历，他们把自己从天真到叛逆到成熟的形象和过程展现得淋漓尽致。大家用诙谐的语言、生动的表演展现了三年里大家一起走过的路、做过的事。大家在一起的似水流年，仿佛一幅幅温馨的画面，既恍如隔世，又历历在目……音乐声响起，大家在相拥中结束了表演。

在游戏中，我们回顾了曾经走过的历程和路途。欢笑之余，大家沉浸在浓浓的美好回忆中。

（3）唱一唱——深情的班歌

我们还在毕业典礼上唱班歌，重温我们逝去的美好时光，铭记我们当下的班级精神，积蓄我们未来的成长力量！

全班同学起立，深情地唱起了《跪羊图》。我们班在歌咏比赛时唱过这首歌，当时获得了一等奖，感动过现场的许多师生。作为我们班级的“形象代言歌”，《跪羊图》也就顺理成章地成为我们的班歌，成为我们班级成长旅途中的一座“里程碑”。

悠扬的歌声响起，我们回忆起曾经的情景，大家眼前仿佛浮现出当时一起排练、共同切磋的画面。那是一段激情燃烧的岁月，那是我们班获得的第一个一等奖啊。班歌镌刻在我们的生命履历中，承载着我们的同舟共济，温暖着我们的青春岁月！

子涵满含深情地领唱着，歌声如泣如诉，全班同学都沉浸在深深的感动中。家长也情不自禁地跟着唱起来，感恩之情流淌在教室的每一个角落。

唱完班歌，起初教室里出奇地安静，大家都沉浸在歌声中，沉醉在回忆中，沉思在感恩中。既而，教室里爆发出一阵雷鸣般的掌声，这既是给我们的过去，也是给我们的现在，更是给我们的未来的掌声。

（4）送一送——毕业“命题礼”

毕业送礼物是必需的环节，如何送出有创意的礼物呢？我提前和大家交流了“命题礼”的要求：要环保，有意义，有意思。

果然，当同学们互送“命题礼”的时候，我发现有的同学给自己的好朋友写了一份“诊断书”，上面书写着：

诊断书

主治医生：厚勇。

病人：田愿。

病因：感情太重，舍不得你。

治病药方：时刻想念你。

一份简单的“诊断书”传达了同学之间的留恋之情。

有的同学送的是“协议书”；有的同学送出了“友情木匣子”，里面装满了千纸鹤，蕴含着满满的祝福；还有的同学自制了卡片，把和同学们合影的照片粘在上面，写上“青春不散场”。

我告诉同学们：“在送给老师的礼物上，请写上你们想对老师说的话，或者帮助老师成长的话，再贴上你们的美照。这样当我翻看这些美好留言的时候，就像看到了你们一样。”

果然，有的同学表达了感恩，有的同学表达了祝福，还有的同学为我制作了一张监督卡：

小霞的优点：①创意多，能化枯燥为生动；②思想积极；③爱打扮，青春洋溢，让学生看一眼就消除了学习的忧愁；④有活力，有恒心；⑤博览群书；⑥很负责，为了学生的人生尽心尽力；⑦善于学习。

小霞的不足：丢三落四，经常丢东西。

同学们在“命题礼”上还贴上了自己的照片，每一张照片上都洋溢着他们鲜活而生动的笑容。

同学们也给我出了一个命题，大家一致要求我把人生感悟的精华送给他们。于是，我将40多年的人生感悟浓缩成几句话送给了同学们：“第一，热爱生命。永远不要做践踏生命的事情，活着本身就是美好的事情。第二，孝敬父母。要永远孝敬自己的父母，因为这个世界上只有父母对你的爱是最无私的。第三，坚持学习。学习是一辈子的事情，靠自己最踏实，有实力的人最后一定会得到肯定。第四，学会去爱。不要成为感情的奴隶，要有比爱情更重要的事业，要学会处理家庭关系，要对自己的家庭负责。第五，追逐梦想。我们与梦想之间只差一个出发，所有的伟大都要始于足下，千万不要高不成低不就，要从基础做起。”

（5）评一评——毕业成果奖

毕业典礼上，我给班级的每个学生都颁发了奖状，也算是给大家三年的初中生活画上一个圆满的句号。奖状的称谓和奖项都由同学们原创，由他们自己命名。他们站在学生的视角评出的奖项，会更贴近每一个学生的心灵。同学们接到奖状的时候，个个都是喜笑颜开，场面都是惊喜连连。

有的是从特长的角度评的：子涵擅长唱歌，被评为“闪闪亮亮歌后奖”；祥辉喜欢体育，被评为“赫赫威威运动奖”。

有的是从性格的角度评的：杨科性格文静，被评为“斯斯文文沉稳奖”；刘源性格活泼，被评为“活泼大方搞笑奖”；文杰性格忠厚，被评为“憨憨厚厚实在奖”。

有的是从班干部职务的角度评的：周鑫作为班级财务人员公正认真，被评为“年度廉洁奉公奖”；张剑作为班干部一丝不苟，被评为“兢兢业业奋斗奖”；小艺作为学习委员认真学习，被评为“踏踏实实上进奖”。

有的是搞笑版：秋红平时憨憨厚厚的，很是可爱，被评为“迷迷糊糊懵懂奖”；洪涛是个十足的幽默王，被评为“年度喜感人物奖”；林林有些好动，被评为“欢欢腾腾无忧奖”。

我还给每位家长颁发了奖状。同学们给每位家长评的奖项更是丰富：有的是“父爱如山奖”，有的是“教子有方奖”，有的是“以身作则奖”。同学们给自己父母评的奖项各不相同。

每一个学生在毕业的时候都能领上奖状，这既是我对每一位家长的付出的肯定，也是我对学生美好未来的鼓励。

（6）穿一穿——毕业小礼服

我让每个学生在领取毕业证的时候，都穿上毕业礼服，这样不仅有一份毕业仪式感，更有一种特殊的意义。

当同学们激动地戴上毕业礼帽，穿上庄重沉稳的黑色学士服的时候，他们的心情既紧张又雀跃。

“这个帽子好像应该这样戴。”张剑给厚勇重新戴上帽子。雷琴给文心理一理衣领，文杰爸爸给孩子扯一扯衣袖，整个教室里都弥漫着温馨的气氛。

同学们穿戴完毕后，和爸爸妈妈一起走上红地毯。红地毯上放满了彩色的气球，大家从左边的成长门进来，从右边的毕业门出去。在颁奖音乐声中，爸爸牵着儿子的手，妈妈搂着女儿的腰，大家踩着红地毯上的气球，就像走在初中三年的征程中，走在从入学到毕业的旅途中。

我站在讲台上，给每一位穿着礼服的同学颁发毕业证。当学生和父母走上来时，我首先把装在“宝匣”里的毕业证拿出来，郑重地颁发给学生，并深情地对学生说：“祝贺你顺利毕业，希望你以后的人生一帆风顺，前程似锦！”学生甜甜地答道：“谢谢老师。”然后，我再给学生和父母颁发奖状。

（7）吃一吃——毕业大团圆

为了让毕业更有仪式感，大家提议定制一个蛋糕。家长们提前在班级群里商量在哪儿定制、怎么定制，最后大家一致赞同定做一个摆满巧克力牌的大蛋糕。巧克力牌上写上班级所有学生和教师的名字，中间镌刻“博静班”三个大字，同时还镶嵌一句“毕业也是动人的成长”的金言。

当然，吃蛋糕也需要仪式感。

首先，找自己的名字，感受全班同学在一起的幸福。当蛋糕被送来，包装盒被打开的一刹那，同学们簇拥上来。大家惊喜地找着自己的名字，每个人心里都荡漾着暖意。

其次，拍照留念，留下动人的瞬间。“先拍照吧，我们拍完照，再来分吃蛋糕。”有个同学提议。咔嚓、咔嚓，大家的一个个镜头，把瞬间变成了永恒。

再次，许愿未来，给自己一份期许。同学们低下头，闭着眼睛开始许愿，大家都在心里默默许下毕业的美好愿望，希望给自己的未来一份美好的期待。我也开始许愿，愿每一个学生出走半生，归来仍是少年。

最后，分吃蛋糕，享受甜蜜。我们把每一个同学的名字连带蛋糕一起分出来，大家一起享受吃蛋糕的快乐。

“我要吃罗亿。”“我也要吃罗亿。”“石头剪子布。”两个同学争论起来。

“我本人还没有发话呢。”罗亿故意一本正经地说着，全班同学顿时哈哈大笑起来。

大家一起吃着蛋糕，分享着幸福，其乐融融，好不惬意。

（8）嗨一嗨——个性毕业秀

毕业时，我要求每个学生来一场个性毕业秀，给大家留下深刻的记忆。

在举行毕业典礼的前几天晚上，为了激发同学们的兴趣，我在班级群里发出广告：“号外！号外！明天每个同学要来一场个性毕业秀——换装大焕彩。请每个同学准备一套漂亮的私服，汉服、时尚流行服装都可以，然后戴面具、拍美照，尽量千奇百怪。”

消息一发出，班级群里就像炸开了锅，大家开始各抒己见，有的同学嚷着要求晒道具：“道具太雷人。”有的同学嚷着：“要不，我现在去烫头发？”还有的同学说：“目测我们明天要火。”

毕业典礼当天，同学们都准备了自己喜欢的道具，有的戴着京剧脸谱，有的戴着化装舞会面具，有的直接戴个眼罩。大家喜滋滋地欣赏着自己的样子，手舞足蹈地照相，兴高采烈地表演，好不惬意。主持人戴着面具登场，每个同学都戴着面具摆造型，无拘无束，自由摆拍。

接着，大家戴着面具玩游戏。只见俊男和大洋两个人走上讲台，把气球放在胸前，戴着面具互相挤爆气球，下面同学的加油声此起彼伏。

在毕业前来一场个性毕业秀，给同学们一个张扬个性的机会，也是一件很有意义的事情。

（9）表一表——学生感恩心

毕业前，我带着学生感谢学校的门卫师傅、食堂大婶、清洁工大娘、宿管老师、电工师傅，让学生感受劳动者的本色生活。

我把班级同学分成几个小分队，每个小分队提前准备好礼物——一幅有象征意义的字画。同学们的画风各不相同：给清洁工大娘的字画，是以水墨画为底色，用毛笔写着“感恩”两个字；给宿管老师的画，是用漫画的方式展现他们深夜查寝的辛苦；给门卫师傅的字画，是用幽默诙谐的语言写着“警惕目光四处寻，唯恐漏掉一疑处”。

准备就绪，大家开始送礼物。看到了宿管老师，同学们首先拿出自己的字画，走上前说：“宿管老师，感谢您这几年对我们的照顾。”宿管老师既羞涩，又惊喜。接着，同学们和宿管老师合影留念，小分队成员还分别和宿管老师合照。拍照完毕后，有个同学说出感恩的话：“宿管老师，您还记得吗？有一天半夜我生病了，是您把我送到医院的。”宿管老师涨红着脸说道：“那是我应该做的，应该做的。”最后，大家邀请宿管老师签名留念。宿管老师不好意思地说：“我的字写得不好。”“没事没事，我们留作纪念。”宿管老师这才开心地签上自己的名字。

我们把字画送给门卫师傅，门卫师傅激动地说：“我要把这张字画贴在墙壁上，这可是非常珍贵的礼物。”

我们把字画送给食堂大婶，大婶像是登上了领奖台一样，兴奋地说：“我拿给领导看。”果然，第二天，学校伙食团团长就把那张表达感恩的字画发在教师群里，表达了他们内心的自豪。

一个简单的活动，不仅为同学们提供了表达感恩的契机，而且让同学们体验了普通劳动者的日常工作和生活。

（10）填一填——毕业请假条

在毕业典礼的最后一个环节，同学们在黑板上写上一则请假条：

请假条

尊敬的吴老师：

我们因毕业请假一辈子，请批准。

此致

敬礼！

请假人：2016级9班全体同学

2019年6月26日

我走上讲台，内心涌动着不可名状的感受。走上讲台的路那么漫长，我仿佛走了很久很久。我的步伐变得那么沉重，仿佛每一步都无法迈出。弹指一挥间，就是三年。这三年的日日夜夜呀，我把所有的心思都融进了这间教室，突然间所有的学生却要离开了！

教室里安静得出奇，我拿着粉笔，久久不敢落笔。不，我不能同意，我挥手写下“不同意”三个大字，这是我内心真实的声音，我不想欺骗自己。

然后，我继续写下意见：“暂时的分离是为了更好的重逢，请大家相信青春不老，博静不散！”我仿佛《最后一课》里的韩麦尔先生一样，使出了全身的力气，当我写完这些字的时候，我仿佛感觉自己将和同学们永远分离，却又终生相依。

我的头靠着墙，眼泪早已喷涌而出，我和同学们拥抱着，和家长们拥抱着，大家簇拥在一起。大家的眼泪早已是决堤的河，在脸上肆意流淌着。毕业季就是成长季，毕业将是我们生命中的又一次成长。

图书在版编目（CIP）数据

创意班主任：30 招让班级管理妙趣横生／吴小霞著
. -- 北京：中国人民大学出版社，2021.11
ISBN 978 - 7 - 300 - 30031 - 3

Ⅰ. ① 创… Ⅱ. ① 吴… Ⅲ. ① 班主任工作—通俗读物
② 班级—管理—通俗读物 Ⅳ. ① G451.6 - 49

中国版本图书馆 CIP 数据核字（2021）第 226712 号

创意班主任：30 招让班级管理妙趣横生
吴小霞 著
Chuangyi Banzhuren: 30 Zhao Rang Banji Guanli Miaoqu-Hengsheng

出版发行	中国人民大学出版社		
社　　址	北京中关村大街 31 号	邮政编码	100080
电　　话	010 － 62511242（总编室）		010 － 62511770（质管部）
	010 － 82501766（邮购部）		010 － 62514148（门市部）
	010 － 62515195（发行公司）		010 － 62515275（盗版举报）
网　　址	http://www.crup.com.cn		
经　　销	新华书店		
印　　刷	北京华宇信诺印刷有限公司		
规　　格	168 mm × 239 mm　16 开本	版　　次	2021 年 11 月第 1 版
印　　张	14　插页 1	印　　次	2022 年 12 月第 3 次印刷
字　　数	195 000	定　　价	58.00 元